Bayerischer Wald

Ralf Nestmeyer

Reisen mit Erlebnis-Garantie

MERIAN-TopTen
Was Sie unbedingt sehen sollten

MERIAN-Tipps
Persönliche Empfehlungen
unserer Autoren

MERIAN-Bewertung

 Nicht zu übertreffen

Herausragend

Sehr gut

Für Familien
Für Eltern mit Kindern besonders
geeignet

Tourenplaner
Damit Sie leichter ans Ziel kommen

Sie sehen aus, als hätte ein Riese Mehlsäcke aufeinander geschichtet – in Wirklichkeit sind die markanten Felssäulen am Gipfel des Dreisessel das Ergebnis von Verwitterungsprozessen.

✦ **Karten und Pläne**

Die Buchstaben-Zahlen-Kombinationen im Text verweisen auf die Planquadrate der Karten.

Ein raues Land, weiträumig und dünn besiedelt – das ist der Bayerische Wald. Seine Bewohner nennen ihre Heimat nur »Wald« – und sich selbst »Waldler«.

Das Benediktinerkloster Metten ist eine Gründung aus dem Jahre 770. Neben seinem barocken Bibliotheksaal ist auch die Abteikirche St. Michael sehenswert.

Und tatsächlich – Wald, wohin man schaut: Noch immer bildet der Bayerische Wald – zusammen mit dem sich jenseits der Grenze erstreckenden Böhmerwald – das größte geschlossene Waldgebiet Mitteleuropas. Die scheinbar undurchdringlich tiefen Wälder, die heute Feriengäste, welche sich nach unberührter Natur sehnen, in Scharen in den Bayerischen Wald locken, wurden jahrhundertelang gemieden. Im Mittelalter galt der Wald noch als dunkle, geheimnisvolle Wildnis, als ein Ort ohne Recht und Ordnung. Durch finanzielle Anreize mussten die Menschen einst ermutigt werden, sich immer weiter in die Berge hoch zu wagen, den Wald zu roden und dort seßhaft zu werden.

Die umfangreichen Rodungsarbeiten lassen sich anhand der zahlreichen Endungen der Ortsnamen auf -mais und -reut heute noch nachvollziehen. Dutzende von Klöstern und Burgen sind steinerne Zeugen der Eroberung

Der Wald wird christlich

durch die christliche Zivilisation. Seit dem frühen Mittelalter wurden Teile des als »Nortwalt« bezeichneten Gebirges urbar gemacht, wobei den Rodungsklöstern Metten, Niederalteich und Pfaffmünster eine Vorreiterrolle zukam. Trotz dieser Bemühungen blieb der Hintere Wald noch bis in die frühe Neuzeit beinahe unberührt. Erst zu Beginn des 18. Jahrhunderts unternahmen die Passauer Fürstbischöfe einen erneu-

ten Versuch, die menschenleeren Waldgebiete zu besiedeln.

Die Bedeutung der klösterlichen Missionskultur für das geistige Leben ist bis in unsere Gegenwart erhalten geblieben: Der Bayerische Wald ist auch heute noch zutiefst katholisch; es wäre nicht verwunderlich, wenn

Kirchen, Klöster, Kunstschätze

selbst neun von zehn Fichten der katholischen Kirche angehören würden. Ein engmaschiges Netz von Kirchen, Klöstern und Wallfahrtsorten spannt sich von den Niederungen der Donau bis hinauf zum Arber. Erstaunt nehmen manche Feriengäste den nicht vermuteten Kunstreichtum dieser Region zur Kenntnis. Fast jedes Dorf nennt ein sakrales Kleinod sein eigen. Religiöses Brauchtum ist – abgesehen von so bekannten Ereignissen wie dem **Kötztinger Pfingstritt** und der **Kerzenwallfahrt auf den Bogenberg** – auch im Alltagsleben sehr lebendig.

Im Spätherbst und Winter sind die Berge des Waldgebirges häufig nicht mehr zu erkennen – dann nämlich, wenn dichte Nebelbänke im Donautal hängen und eine stille, fast melancholische Atmosphäre verbreiten. Verständlicherweise wurde die fruchtbare Donauebene schon sehr früh besiedelt. Erst ließen sich die Kelten, dann die Römer hier zwischen Regensburg und Passau nieder. Bis heute ist das breite Tal der Donau außergewöhnlich reich an Kunst- und Kulturschätzen. Die Bischofsstädte

Passau und Regensburg zeugen von ihrer glanzvollen geistlichen und bürgerlichen Geschichte, die Bilderbuch-Marktplätze von Straubing und Deggendorf sind eindrucksvolle Beispiele alter bayerischer Stadtbaukunst. Nicht zu vergessen: die bedeutenden Klostergründungen von Metten und Niederalteich.

Unter dem Bayerischen Wald verstand man einst nur den Vorwald westlich des Flusses Regen. Die dahinterliegenden dunklen, schweren Wälder wurden Böhmerwald genannt. Erst die immer deutlichere Identifikation mit den staatlichen Grenzen führte dazu, den gesamten Wald diesseits der Landesgrenze als »Bayerischer Wald« zu bezeichnen. Der aufkommende Fremdenverkehr in der Nachkriegszeit tat ein Übriges, um den Bayerischen Wald als touristische Region im Bewusst-

sein zu verankern. Auch das Ende des Kalten Krieges und die mittlerweile wiedergewonnene Einheit Europas wird daran wohl nichts mehr ändern; zu tief hat sich der »Bayerische Wald« in die Umgangssprache eingebürgert.

Die Bewohner des Inneren Bayerischen Waldes haben ein besonderes Verhältnis zu ihrer Heimat. Seit Generationen haben sie von und mit dem Wald gelebt, sahen vor allem seinen forstwirtschaftlichen Nutzen, der ihre Lebensgrundlage darstellte. Das

Lebensgrundlage Holz

tägliche Brot musste dem Wald unter Einsatz des eigenen Lebens in einem immerwährenden harten Kampf abgetrotzt werden. Ein gefällter Baum, der in die falsche Richtung fiel, ein Unfall bei der Schlittenfahrt ins Tal oder beim Triften der Holzstämme – und schon fiel eine ganze Waldlerfamilie der Armut anheim. Nicht wenige versuchten daher, ihr karges Auskommen durch Wilderei aufzubessern. Dennoch starben in den langen, entbehrungsreichen Wintern viele Menschen den Hungertod.

Durch das reiche Holzvorkommen entstanden unzählige Sägewerke und eine weit verzweigte Heimindustrie: Angefangen bei den noch bis in die Nachkriegszeit beliebten Holzschuhen und diversen Haushaltsgeräten bis hin zu Jalousielamellen, Bilderrahmen, Papier und Holzdraht wurde der reichlich vorhandene Rohstoff verarbeitet. Durch die 1847 er-

❶ MERIAN-Lesetipp

Für einen literarischen Streifzug durch den Bayerischen Wald empfiehlt sich die von **Hubert Ettl** herausgegebene Reise-Lesebuch »Bayerischer Wald«(erschienen im Lichtung Verlag). Die Anthologie versammelt dankenswerterweise keine touristische Klischees, sondern schildert den kulturellen Reichtum dieser oft so widersprüchlichen Region aus der Sicht von insgesamt 24 Autoren. Das Ergebnis ist ein realistisches Bayerwaldporträt ohne Heimatromantik.

folgte Floßbarmachung des Regen und die nun anwendbare Triftpraxis konnten die immensen Holzvorkommen besser genutzt werden, der Holzabsatz stieg schlagartig an. Doch war dem Wald nicht einmal ein einziges goldenes Jahrhundert gegönnt: Billiges Importholz landete auf den Märkten, zudem ersetzten Kunststoffe, Beton und Stahl zunehmend den natürlichen Werkstoff; die letzte große Holztrift fand 1959 statt.

Aufgrund ihrer Sehnsucht nach einer unverbrauchten Landschaft suchen Erholungsreisende seit mehr als einem Jahrhundert den Bayerischen Wald auf. Doch der Eindruck trügt, die Realität sieht oft anders aus. Die Bewohner des Bayerischen Waldes, die »Waldler«, sind weder »glücklicher« noch »uriger« oder »rückständiger« als in anderen Teilen Deutschlands, obwohl sie häufig so dargestellt werden. Zudem zeigen die katastrophalen Auswirkungen der Umweltverschmutzung: Das Waldsterben macht auch vor den Bäumen des Bayerischen Waldes nicht Halt!

Seit Kriegsende hat sich ein enormer Strukturwandel vollzo-

Das Klischee vom »urigen Waldler«

gen: Nach und nach nimmt die Zahl der Dörfer ab, die sich ihren traditionellen Charakter bewahrt haben. Es entstehen Neubauten im oberbayerischen Einheitsstil, verschwinden die einfachen Bayerwaldhäuser aus unbehandeltem, sonnenverbranntem Holz.

Dennoch lässt sich noch immer das eine oder andere »Lieblingsdorf« – sei es Rabenstein, Gerholling, Datting, Drachselsried, Wildenranna oder Kreuzberg – entdecken.

Die meisten Urlauber suchen den Bayerischen Wald auf, um eine ursprüngliche Natur zu erleben. Diese finden sie im **Nationalpark Bayerischer Wald**: Hier stehen die letzten Reste einst

Zurück zur Natur

endloser Urwälder, die gerade noch vor der waldwirtschaftlichen Nutzung gerettet werden konnten. Die häufigste Baumart ist – wie in ganz Deutschland – die Fichte. Daneben findet man noch Rotbuchen, Sommerlinden, Ulmen, Berg- und Spitzahorn sowie die selten gewordene Weißtanne. Auf einer Fläche von mehreren tausend Hektar Land darf der Wald hier noch ungestört wachsen, wie er will, mächtige Baumriesen können eines natürlichen Todes sterben: Sie stürzen zu Boden, vermodern und bilden die Nahrungsgrundlage für eine Vielzahl von Bakterien, Pilzen, Algen, Moosen und Flechten sowie eine artenreiche Kleintierwelt. Rund 30 Jahre sind seit der Gründung des Nationalparks Bayerischer Wald inzwischen vergangen – der Erfolg spricht für sich!

Wenn sich im Winter die Äste schwer unter ihrer Schneelast biegen, zeigt sich der Bayerische Wald von seiner vielleicht reizvollsten Seite. Die Gipfellagen

Oben: Traditionen werden im Bayerischen Wald noch groß geschrieben. Seit 1412 gibt es den Pfingstritt in Kötzting.

Mitte: Brettlfans kommen hier voll auf ihre Kosten – denn der Winter dauert im »Wald« länger als im Kalender...

Unten: Das Erlebnis unberührter Natur ist im Bayerischen Wald noch garantiert.

des Waldgebirges sind schneereicher als vergleichbare Höhen in den Alpen. Ganze Ortschaften waren früher deshalb regelmäßig von der Außenwelt abgeschlossen, und sie wären es noch heute, gäbe es keinen Schneepflug. Für das kleine Dorf Leopoldsreut kam dieser Segen der modernen Technik allerdings zu spät; seine Bewohner sind vor Jahrzehnten vor den Schneemassen geflohen und fortgezogen. Was des einen Leid, ist des anderen Freud: Mehrere Monate im Jahr bieten die Pisten und Loipen in den Wintersportorten ein schneesicheres Wintervergnügen. Und das Ganze ohne Föhn und Lawinengefahr!

Genauso wichtig wie Quarz, das ein Drittel einer Glasmasse ausmacht, ist Holz zum Beheizen der Schmelzöfen und Herstellen von Pottasche. Beides ist im Bayerischen Wald reichlich vorhanden und lockte im Spätmittelalter die ersten Glasmacher an. Anfangs beherrschten die Waldler nur die Kunst, nicht entfärbtes

Der gläserne Wald

grünliches Waldglas herzustellen, bevor sie gegen Ende des 17. Jahrhunderts lernten, auch farbloses Glas zu produzieren. Schon seit langem ist die Glasmacherei der bedeutendste Erwerbszweig des Waldgebirges, Tausende verdanken dem Glas bis heute ihr Auskommen. Die Arbeit an den heißen Öfen ist freilich nicht nur schweißtreibend, sondern erfordert zudem künstlerisches Talent.

In den Glashütten wurde die Glaskunst bis zur Perfektion entwickelt. Ein Besuch im **Frauenauer Glasmuseum** und eine **Hüttenbesichtigung** geben einen Einblick in die transparente Welt.

Auch lange Autofahrten durch die ausgedehnten Wälder können die Eindrücke einer Wanderung niemals ersetzen. Denn wer gemächlich zum Rachel oder Lusen emporgestiegen ist, durchquert in drei Stunden ungefähr so

In den Tiefen der Wälder

viele Klimazonen wie auf dem Weg von Bayern nach Nordschweden! Wandern, ob zu Fuß oder mit Langlaufskiern durch die schneeverhangenen Wälder, ist tatsächlich die beste Fortbewegungsart im Waldgebirge. Eine Freude für die Augen ist es, dabei den Wechsel der Jahreszeiten mitzuverfolgen: Relativ spät im Frühjahr beginnen die Bäume und Sträucher zu blühen, der letzte Schnee schmilzt erst im Mai dahin.

Im Juli und August kommt man auch in den höheren Lagen leicht ins Schwitzen. Der Herbst jedoch wird von vielen als die schönste Jahreszeit gepriesen. Zwar dauert es etwas länger, bis die Sonne über den dunstverhangenen Wäldern, Wiesen und Feldern ihre Kraft entfalten kann – doch dann leuchtet der Wald kraftvoll schillernd in herbstlichen Farbtönen.

Fetziges vor historischer Kulisse: Jazz-Weekend in Regensburg.

Preisparadies: Der Bayerische Wald hat den Ruf, eine günstige Urlaubsregion zu sein – was stimmt, wenngleich auch hier die Preise seit kurzem etwas angezogen haben.

Romantikhotel am See: Die Bierhütte in Hohenau (→ S. 45) ist in einer ehemaligen Glashütte untergebracht.

Von der Luxusherberge bis zum schlichten Privatzimmer reicht das Angebot der Ferienorte. Der Standard der Unterkünfte ist allgemein hoch. Selbst zahlreiche Hotels und Gasthöfe der mittleren Preisklasse verfügen über ein eigenes Schwimmbecken im Freien oder in der Halle. Reine Beherbergungsbetriebe sind selten, zumeist wird auch ein Gasthof betrieben.

Fast sensationell günstig sind die Preise für Privatunterkünfte geblieben: Teilweise werden pro Person weniger als 7,50 € für eine Übernachtung mit Frühstück berechnet! Vielerorts wird mittlerweile auf ein gestiegenes Umweltbewusstsein seitens der Gäste verstärkt Rücksicht genommen. So zeichnet der Tourismusverband Viechtach umweltfreundliche Beherbergungsbetriebe mit einem Umweltsiegel (einer Fichte) aus. Die portionsweise verpackte Frühstücksbutter und -marmelade verschwindet immer mehr vom morgendlichen Tisch.

Der Bayerische Wald mit seiner ausgeprägten bäuerlichen Kultur eignet sich hervorragend für den **Urlaub auf dem Bauernhof,** der für die Landwirte mittlerweile zu einem wichtigen Zubrot geworden ist. Städter hingegen schätzen die Möglichkeit, den bäuerlichen Alltag einmal hautnah miterleben zu können. Wer will, kann auch bei der Stallarbeit zupacken. Für die Kleinsten ist es natürlich das Größte, Hühner und Gänse, Schweine und Kühe, Pferde und Ponys beobachten und streicheln zu können. Über dieses preiswerte Vergnügen mit großem Erholungswert informiert neben den örtlichen Fremdenverkehrsämtern auch der:

Tourismusverband Ostbayern e.V.
◼ f 5, Klappe hinten
Luitpoldstr. 20, 93047 Regensburg;
Tel. 09 41/58 53 90, Fax 5 85 39 39;
Internet: www.btl.de/ostbayern

Der gesamte Bayerische Wald ist mit einem dichten Netz von **Jugendherbergen** überzogen. Es bietet sich daher geradezu an, von Herberge zu Herberge zu wandern. Jugendherbergen sind zu finden in: Bayerisch Eisenstein, Bischofsmais, Bodenmais, Frauenau, Furth im Wald, Haidmühle, Lam, Mauth, Neureichenau, Neuschön-Waldhäuser, Passau, Regensburg, Saldenburg, Sankt Englmar, Straubing, Waldmünchen und Zwiesel.

Weitere Auskünfte und die genauen Adressen bekommen Sie beim:

Deutschen Jugendherbergswerk Landesverband Bayern e.V.
Mauerkircherstr. 5, 81679 München;
Tel. 0 89/9 22 09 80, Fax 92 20 98 40

Hotels sind bei den einzelnen Orten im Kapitel »Sehenswerte Orte« beschrieben.

Alle in diesem Buch empfohlenen Unterkünfte auf einen Blick

Moderne Stadthotels

Cham: Randsberger Hof ....S. 22
Deggendorf: Astron Parkhotel.....S. 28
Freyung: Hotel-Gasthof Brodinger ....
....S. 32
Freyung: Hotel Zur Post ....S. 32
Kötzting: Amberger Hof ....S. 40
Straubing: Hotel Theresientor .....S. 73
Viechtach: Hotel Schmaus ....S. 80

Hotels mit Flair/besondere Lage

Blaibach: Schlossgasthof Rösch S. 40
Chammünster: Berggasthof
    Ödenturm M ....S. 24
Drachselsried: Burggasthof Sterr ....
....S. 83
Grafenau: Steigenberger Avance
    Sonnenhof..............................S. 47
Hohenau: Bierhütte M M ....S. 45
Neukirchen beim Hl. Blut: Burghotel
    am Hohen Bogen......................S. 43
Passau: Schloss Ort M ....S. 49
Passau: Wilder Mann ....S. 51
Regensburg: Altstadthotel Arch..S. 63
Regensburg: Bischofshof M ....S. 63
Regensburg: Kaiserhof am Dom .S. 63
Sankt Englmar: Hotel Angerhof M M
....S. 83
Zwiesel: Magdalenenhof...............S. 85
Zwiesel: Zur Waldbahn..................S. 85

Gasthöfe

Bodenmais: Hofbräuhaus..............S. 86
Kötzting: Hotel-Gasthof Zur Post...S. 40
Regen: Gasthof Wieshof................S. 59
Straubing: Gäubodenhof ....S. 73
Straubing: Hotel Röhrl ....S. 73
Straubing: Seethaler.......................S. 76
Viechtach: Gasthof Miethaner .....S. 80

Ferien auf dem Bauernhof

Viechtach: Bauernhofpension Heigl....
....S. 80

Sport- und Ferienhotels/ Appartementanlagen

Bodenmais: Feriengut Böhmhof.S. 86
Bodenmais: Wald- und Sporthotel
    Riederin ....S. 87
Dürrwies: Waldferiendorf Dürrwies .....
....S. 14
Grafenau: Steigenberger Avance
    Sonnenhof..............................S. 47
Neukirchen beim Hl. Blut: Burghotel
    am Hohen Bogen......................S. 43
Regen: Waldferiendorf Regen......S. 60
Runding: Reiterhof Runding ....S. 26
Zandt: Feriendorf Schloßberg-Zandt...
....S. 40
Zwiesel: Chrysantihof ....S. 84

Pensionen/Garni-Hotels/ Einfache Unterkünfte

Passau: Pension Rößner ....S. 49
Passau: Rotel Inn............................S. 49
Regen: Pension Waldeck...............S. 60
Regensburg: Orphée......................S. 64
Regensburg: Am Peterstor ....S. 64
Spiegelau-Klingenbrunn: Pension
    Maria Matschina.........................S. 45
Viechtach: Bauernhofpension Heigl....
....S. 80
Zwieselerwaldhaus: Pension Tannen-
    blick...S. 89

Preisklassen

Die Preise gelten für zwei Personen
im Doppelzimmer mit Frühstück.
★★★★ ab 120 €
★★★ ab 75 €
★★ ab 30 €
★ bis 30 €

Solide Hausmannskost: Der Bayerische Wald war nie ein vom Reichtum verwöhnter Landstrich, daher kommen traditionell einfache Gerichte auf den Tisch. Aber die schmecken!

Brotzeit und eine frische Mass: Biergarten-Feeling in Regensburg.

Seit jeher ist das Wirtshaus neben der Kirche der kulturelle Mittelpunkt in einem bayerischen Dorf. Hier sitzt man bei einem Bier zusammen, tauscht Neuigkeiten aus und erfreut sich des Lebens. Im oftmals einzigen Wirtshaus des Dorfes standen auch stets ein paar Betten für Durchreisende bereit – daher gibt es im Bayerischen Wald traditionell keine Trennung von Hotel- und Gastronomiebetrieben. Modernem »Designer-Schnick-Schnack« gänzlich abhold, sind die Gasthäuser fast ausschließlich mit Holz verkleidet, ein großer Kachelofen sorgt im Winter für die nötige Wärme.

Die Holzfäller früherer Zeiten waren es gewohnt, ihre Verpflegung für die ganze Woche mit in den Wald zu nehmen und Tag für Tag neu aufzuwärmen. Es versteht sich von selbst, dass sie dabei keine aufwändigen Speisen brauchen konnten.

Die Grundlage der herzhaften und kräftigen Hausmannskost bilden seit langem Kartoffel- und Mehlspeisen. Sie sind entweder Beilage oder machen den Hauptbestandteil einer Mahlzeit aus. So beim **Erdapfelkas**, wenn geriebene Kartoffeln mit Zwiebeln, Salz, Pfeffer und saurem Rahm vermengt und anschließend kalt ser-

Eine runde Sache: Kartoffeln und Knödel

viert werden. Eine einfache, vor allem bei Kindern beliebte Mahlzeit sind die **Dotsch** oder **Reiberdatschi** genannten Kartoffelpuffer. Am besten schmecken sie mit Apfelmus. Kartoffeln sind auch ein wichtiger Bestandteil der **Gremelmaultaschen**: Das sind in heißem Fett herausgebackene Kartoffelmaultaschen, die mit Grieben (Gremeln) gefüllt sind.

Fleisch kam früher nur selten auf den Tisch – und wenn, dann für den Hausherrn. Zu den meisten Bratenge-

richten serviert man **Knödel** (Klöße), manchmal werden aus dem Kartoffelteig auch **Fingernudeln** geformt und in der Pfanne goldgelb herausgebacken. Leider wird der Teig heutzutage nur selten selbst zubereitet. Regional verändert können aus den einfachen Fingernudeln auch **Passauer Ritterzipfel** (Fingernudeln mit Speck und Zwiebeln) werden. Sehr schmackhaft sind die aus geschnittenen, eingeweichten und mit Ei vermischten Semmeln bestehenden **Semmelknödel**.

Das Eintopfgericht schlechthin: Pichelsteiner

Über ihren **Pichelsteiner**, der eigentlich Büchelsteiner heißt, lassen die Waldler nichts kommen. Erfunden wurde dieses Gericht am Bennotag 1847 in Grattersdorf, und zwar von Augusta Winkler, einer Wirtsfrau adeliger Abstammung. Sie erdachte sich den schmackhaften und leicht zu transportierenden Eintopf für ein Festessen auf dem Berg Büchelstein. Der Reichskanzler Otto von Bismarck, dem das Gericht von seinem Sohn empfohlen worden war, machte den »Pichelsteiner« in preußischen Gefilden bekannt. Zwar variieren die Rezepte, doch steht fest, dass zu einem typischen Pichelsteiner drei Sorten Fleisch gehören (vorzugsweise Schwein, Rind und Kalb), die zusammen mit Gemüse, Kartoffeln und Gewürzen in einem großen Topf mindestens zwei Stunden auf kleiner Flamme gekocht werden.

Auf den Wiesen und Weiden des Waldgebirges finden Rinder und Schafe ideale Bedingungen vor. Lobenswerterweise besinnen sich die Bauern seit einigen Jahren auf die Ursprünge der Viehzucht und betreiben eine artgerechte, ökologische Haltung. Manche fast vergessene Spezialität ist auf diesem Umweg auf den heimischen Küchentisch zurückgekehrt.

In der Gegend um Cham hat sich die Ochsenzucht wieder etabliert. Die jungen Ochsen werden unter strengen Richtlinien und ohne Masthilfsmittel bis zur Schlachtreife aufgezogen. Das Ergebnis ist ein zartes, würziges **Ochsenfleisch**.

Das Ende der Massentierhaltung

Das **Bergdorf Sankt Englmar** ist für zwei Spezialitäten bekannt: das **Waldschaf** und die **Weidekalbin**. Einem herzhaft zubereiteten Lammbraten kann man hier – nicht nur an Ostern – kaum widerstehen. Als Weidekalbin wird ein zweijähriges weibliches Rind bezeichnet, das noch nicht gekalbt hat und jenseits jeglicher Massentierhaltung aufgewachsen ist.

Sehr oft finden Sie auf der Speisekarte einen Waldlerspieß, eine Waldlerpfanne oder ein Waldlerschnitzel angepriesen. Die Zubereitung dieser Gerichte ist von Lokal zu Lokal sehr verschieden, gerne werden aber frische Pfifferlinge, Steinpilze oder Maronen verwendet. Manchmal versteckt sich unter dem wohlklingenden Namen allerdings nicht mehr als ein ganz normales Rahmschnitzel mit Pilzen aus der Dose ... Wer deftige Hausmannskost liebt, für den werden **Schlachttage** zu Festtagen. Warme Blut- und Leberwürste, zartes Kesselfleisch und herzhafter Presssack sind trotz ihrer Bodenständigkeit ein kulinarischer Höchstgenuss.

Der große Wildbestand des Waldgebirges lässt die Köche aus dem Vollen schöpfen. Kaum eine Speisekarte, auf der nicht mehrere schmackhaft zubereitete Wildgerichte mit Preiselbeeren angepriesen werden. An erster Stelle auf der Beliebtheitsskala rangieren Hirschgulasch und Rehbraten.

Die engagierten Gastwirte sind sich einig: Atlantikfische haben auf einer traditionsbewussten Speisekarte nichts verloren! Dafür veredeln Forelle, Saibling, Zander, Hecht, Waller und Schleie jede Fischkarte. Gegen eine fangfrische, delikat zubereitete **Waldlerforelle** kann sogar ein edler Salzwasserfisch tatsächlich nur schwer bestehen.

Im Bayerischen Wald trinkt man fast ausschließlich Bier, das zumeist aus einer der zahlreichen Landbrauereien stammt. Landshut ist nicht weit, und von dort stammt bekanntlich das viel diskutierte bayerische Reinheitsgebot. Dem wahren Bierfreund ist allerdings der Gerstensaft der großen Brauereien oft verpönt, er bevorzugt die Erzeugnisse kleiner, lokaler Brauereibetriebe.

ⓘ MERIAN-Tipp

Tafernwirtschaft in Straubing Der einstige Bauernhof wurde zu einem gemütlichen Gasthof umgebaut, im Innenhof stehen taubenblaue Bierbänke. Lobenswert: Von den Wirtsleuten werden ausschließlich biologisch angebaute Zutaten aus der Region verwendet. Die Küche hat sich der altniederbayerischen Tradition verschrieben, aber auch vegetarische Gerichte fehlen nicht auf der Karte. 94315 Straubing, Donaugasse 18, Tel. 0 94 21/8 14 89, Mo geschl. ★ /★★ ▪ d 1, S. 75

Preisklassen

Die Preise gelten für ein typisches Hauptgericht ohne Getränke.
★★★★ ab 18 €
★★★ ab 10 €
★★ ab 6 €
★ bis 6 €

Kultur und Natur – dies sind die beiden großen Aktivposten des Bayerischen Waldes. Und auch abseits der großen Orte gibt es viel zu entdecken!

Wie im Bilderbuch: sanfte Hügel, tiefgrüne Wälder, der geschwungene Lauf des Flüsschens Ilz ...

CHAM

Das malerische Stadtbild erinnert noch immer lebhaft daran, dass Cham eine der ältesten Ansiedlungen im Bayerischen Wald ist – ein mittelalterliches Kleinod.

Cham

■ A 6, S. 110

17200 Einwohner
Stadtplan → S. 25

Ob beim Metzger oder beim Bäcker – unverkennbar ist zu hören, dass Cham in der Oberpfalz liegt. Weniger als andere Städte und Gemeinden Ostbayerns ist man hier vom Tourismus abhängig, hierfür sorgen ortsansässige Industriebetriebe. Cham ist als Kreisstadt auch das administrative Zentrum des Oberen Bayerischen Waldes.

Chams große Bedeutung beruht auf seiner günstigen geografischen Lage inmitten der von den Flüssen Regen und Cham gebildeten Further Senke, die schon im frühen Mittelalter als wichtige Handels- und Heerstraße nach Böhmen genutzt wurde.

Reste der einstigen Befestigungsanlagen sind noch erhalten, so der Straubinger Turm und das gedrungene Biertor mit seinen massiven Rundtürmen. Doch weder die Hussiten noch die Schweden im Dreißigjährigen Krieg ließen sich davon abhalten, Cham einzunehmen und niederzubrennen. Mehrere Stadtbrände, zuletzt 1877, besorgten ein Übriges.

Hotels/andere Unterkünfte

Randsberger Hof ■ b 2
Das moderne Hotel ist besonders bei Gästen beliebt, die Wert auf Freizeitvergnügen legen. Fünf Squashcourts,

Das Burgtor, im Volksmund Biertor genannt, stammt aus dem 14. Jahrhundert.

vier Kegelbahnen, Sauna, Solarium und ein Erlebnishallenbad lassen diesbezüglich kaum Wünsche offen. Randsbergerhofstr. 15; Tel. 0 99 71/8 57 70, Fax 2 02 99; www.randsbergerhof.de; 170 Betten ★ ★ AmEx DINERS EURO VISA

Camping nordöstlich ■ c 1
Der kleine Platz befindet sich im Ortsteil Selling.
Tel. 0 99 71/7 99 17

Spaziergang

Der Rundgang beginnt am Großparkplatz Floßhafen (P1), so genannt, weil Cham im 19. Jh. der größte Holzstapelplatz Bayerns war. Bis zu Beginn des 20. Jh. war dieser Platz im Osten der Altstadt der Endpunkt für die Flößer aus dem Bayerischen Wald; 1935 erreichte das letzte Floß die Stadt. Ein Stück weit geht es am Regen entlang und dann über die Schmiedstraße bergauf zum zentralen, verkehrsberuhigten **Marktplatz**. Hier stehen die **Stadtpfarrkirche St. Jakob** und das **Rathaus**.
  Über die am unteren Ende des Marktplatzes abzweigende Lucknergasse geht es weiter zum **Cordonhaus**, das das Heimatmuseum beherbergt. Die Propsteistraße führt zum mittelalterlichen **Biertor** am Regen. Vor dem Biertor stand bis vor kurzem die kleine Florian-Geyer-Brücke. Leider wurde sie wegen Baufälligkeit abgerissen – und das, obwohl sie deutsche Film- und Kulturgeschichte geschrieben hat: 1957 diente sie als Kulisse für den Aufsehen erregenden Antikriegsfilm »Die Brücke« von Bernhard Wicki. Quer durch die Stadt gelangen Sie in einer Viertelstunde zurück zum Ausgangspunkt.

Sehenswertes

Kirche der Redemptoristen ■ a 1/b 1
Unweit des Bahnhofs steht auf einer Anhöhe die Klosterkirche Maria Hilf,

ein großer dreischiffiger Backsteinbau aus der Zeit der Jahrhundertwende. Die monumentale neuromanische Kirche verblüfft im Inneren durch ihre orientalisch anmutenden Fresken im Nazarenerstil.

Museen

Cordonhaus ■ b 3
In dem wuchtigen zweigeschossigen ehemaligen Propsteigebäude aus dem 16. Jh. ist eine Darstellung zur Frühgeschichte Chams und seiner Umgebung sowie eine städtische Galerie mit wechselnden Ausstellungen untergebracht.
Propsteistr. 46; Mi–So 14–17, Do bis 19 Uhr; Eintritt frei

Museum SPUR ■ a 2
Gemälde und Skulpturen der Künstlergruppe SPUR, ehemaligen Absolventen der Münchner Kunstakademie, sind im einstigen Armenhaus zu sehen.
Schützenstr. 7; Mi, Sa und So 14–17 Uhr; Eintritt frei

Galerie Profil ■ b 2–3
Unweit vom Cordonhaus wird moderne Kunst präsentiert.
Propsteistr. 10; Fr 16–19, Sa 10–12, So und Fei 14–17 Uhr; Eintritt frei

Essen und Trinken

Bräupfandl ■ c 3
Die teils altdeutsch, teils im Biedermeierstil eingerichteten Restaurationsräume verteilen sich auf zwei Stockwerke. Empfehlenswert ist die Fischvariation des Hauses, eine feine Auswahl von Edelfischen mit Butterreis.
Lucknerstr. 11; Tel. 0 99 71/2 07 87; So und Mo geschl. ★ ★ ★ AmEx DINERS EURO VISA

Secco ■ b 2
Das schön gestylte Rathauscafé mit Restaurant und Barbetrieb sorgt für

moderne Akzente in der alten Stadt. Die Küche zeigt sich dennoch bodenständig: Selbst deftige Krautwickel fehlen nicht auf der Karte.
Marktplatz; Tel. 0 99 71/80 16 58 ★ ★

Am Abend

Kino-Center Cham ■ b 2
Randsbergerhofstr. 15; Tel. 0 99 71/12 66

Service

Auskunft

Tourist-Info im Cordonhaus ■ b 3
Propsteistr. 46, 93413 Cham; Tel. 0 99 71/7 84 32, Fax 7 84 33; www.cham.de

Reiten ■ B 6, S. 110
Beim Hotel Reiterhof in Runding gibt es eine Reithalle und einen Reitplatz.
Tel. 0 99 71/99 90

Squash ■ b 2
Fünf Courts im Hotel Randsberger Hof (→ S. 22).

Stadtführung ■ b 3
Von Juni bis September jeweils dienstags um 9.30 Uhr; Treffpunkt Tourist-Info Cham

Wellen-Freizeitbad ■ c 1
Badstr. 4; Tel. 0 99 71/46 46

Ziele in der Umgebung

Chammünster ■ A 6, S. 110

Das einstige Kloster wurde bereits im 8. Jh. von Regensburger Mönchen von St. Emmeram gegründet. Die älteste Kostbarkeit der heutigen Pfarrkirche ist ein romanisches Taufbecken mit einer Darstellung von Christus und den zwölf Aposteln. Der Chor ist frühgotisch, das imposante dreischiffige Langhaus stammt aus dem 15. Jh. Der Chorturm wurde erst 1877 vollendet.

Hotel/Essen und Trinken

Berggasthof Ödenturm ■ M
Der schöne Blick von der Terrasse und die wohlfeile regionale Küche (probieren Sie den »Chamer Ochsen«!) lohnen die Anfahrt.
Am Ödenturm; Tel. 0 99 71/8 92 70, Fax 89 27 20; Restaurant Mo geschl.; 24 Betten ★ ★

Churpfalzpark Loifling

■ F 4, S. 109
→ S. 79

Falkenstein ■ E 4, S. 109

3160 Einwohner

Der kleine Ferienort wird oftmals mit der namensgebenden **Burg** gleichgesetzt. Strategisch günstig auf einem Granitkegel gelegen, widerstand die eindrucksvolle Burganlage sogar den Angriffen der Hussiten und Schweden. Der Bergfried gehört zu den ältesten Teilen der Burganlage; er wurde wahrscheinlich bereits im 11. Jh. errichtet. Umgeben ist die Burg von einem Natur- und Felsenpark. Mit dem »Haus des Gastes«, dem Jagdmuseum und den alljährlich stattfindenden Burghofspielen sind die restaurierten Gemäuer noch immer das kulturelle Zentrum des Ortes.

Museen

Jagdmuseum
Das Museum lädt zu einem kurzen Streifzug durch die Geschichte der Jagd ein.
Burg Falkenstein; Mi, Fr und Sa 14–16, So 10–17 Uhr; Eintritt 1 €, Kinder 0,50 €

Essen und Trinken

Gaststätte Burg Falkenstein
In der Burg werden vorzugsweise Pfannengerichte serviert. Schöne Terrasse. Zimmervermietung
Burgstr. 10; Tel. 0 94 62/91 18 80 ★ ★

Furth im Wald ■ BC 5, S. 110

10000 Einwohner

Wer den Namen Furth im Wald hört, denkt sogleich an den **Further Drachenstich** (→ Feste und Festspiele, S. 103) – so sehr wird die Stadt mit dem packenden Volksschauspiel gleichgesetzt. Seit Jahrhunderten bezieht die Stadt ihre Bedeutung aus der grenznahen Lage. Sehenswert sind die barocke Stadtpfarrkirche mit ihrem 45 m hohen Kirchturm und einer romanischen Kreuzigungsgruppe sowie die Reste der mittelalterlichen Stadtanlage und der Marktplatz. Mit einem Wort: Furth ist ein Städtchen mit Charakter und Charme! Zweimal täglich (11 und 18 Uhr) erklingt das Further Glockenspiel am Schlossplatz.

Hotels/andere Unterkünfte

Campingplatz Einberg
Daberger Str. 33; Tel. 0 99 73/18 11

Jugendherberge
Daberger Str. 50; Tel. 0 99 73/92 54

Museen

Landestormuseum und Deutsches Drachenmuseum
Regionalgeschichtliche Ausstellung zur bäuerlichen und bürgerlichen Kultur. Umfangreiche Hinterglasbildersammlung. In einer eigenen Halle kann der berühmte »Drache« des Further Drachenstichs besichtigt werden. Das Museum liegt im ehemaligen Spital und dem angebauten Stadtturm, der bestiegen werden kann.

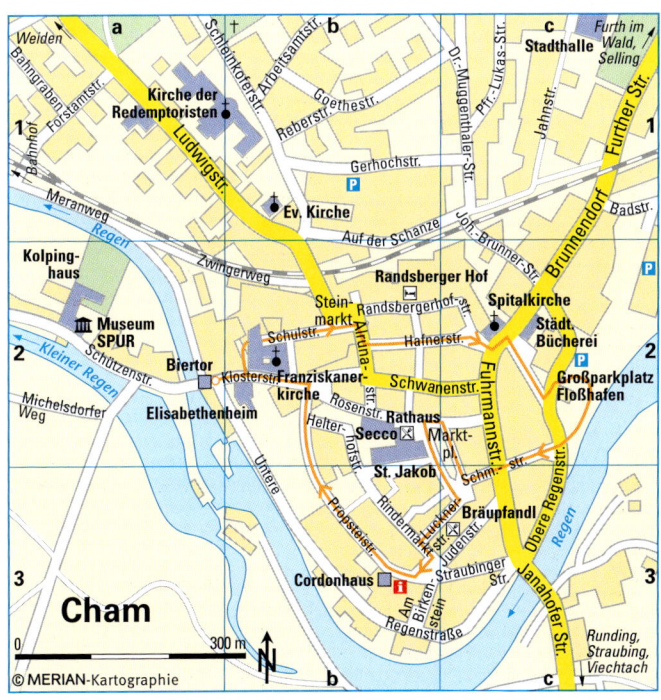

Schlossplatz 4; April–Okt. Di–So 10–17
Uhr, Nov.–März Di und Do 14–17, So 10–12
Uhr; Eintritt 2,50 €, ermäßigt 2 €

Essen und Trinken

Gasthof Bay M
Traditionsreiches Wirtshaus mit
eigener Metzgerei. Die Küche ist
bodenständig und trotzdem kreativ.
Romantischer Innenhof.
Bayplatz 5; Tel. 0 99 73/13 14, Fax 43 74;
Di geschl. ★★

Service

Auskunft

Tourist-Information
Schlossplatz 1, 93437 Furth im Wald;
Tel. 0 99 73/5 09 80, Fax 5 09 85

Lamberg   ■ AB 6, S. 110

Von Cham oder Chammünster aus
lohnt sich ein Aufstieg auf den 601 m
hohen Gipfel des **Lamberg**. Oben an-
gekommen, finden Sie neben einer
schönen Panoramaaussicht die Wallfahrtskirche St. Wallpurga, einen
Berggasthof, ein Wildgehege und einen Kinderspielplatz vor.

Reichenbach   ■ C 3–4, S. 108

Auf einer Bergzunge oberhalb des
Regentals erhebt sich das im Jahr
1118 gegründete **Benediktinerklos-
ter Reichenbach**. Die Klosterkirche
ist eine dreischiffige romanische
Pfeilerbasilika mit gotischem Chor
und Turmhelmen. Wie unzählige
andere mittelalterliche Klöster und
Kirchen wurde auch das Kloster
Reichenbach im 18. Jh. im Stil der
damaligen Zeit neu ausgestaltet.
Farbenfrohe und freundliche Rokoko-
fresken erstrahlen im Inneren. Das
Kloster dient heute als Heil- und
Pflegeanstalt der Barmherzigen
Brüder.

Roding   ■ E 6, S. 109
11000 Einwohner

Noch vor Cham gilt Roding als die älteste Stadt des Bayerischen Waldes:
Die Geschichte des kleinen Städtchens reicht wahrscheinlich bis ins
6. Jh. zurück. Wer historische Bauten
liebt, sollte sich die zur Pfarrkirche
St. Pankratius (mit barockem Turm)
gehörende romanische **Taufkapelle
St. Joseph** (frühgotische Fresken)
anschauen. Das Ortsbild von Roding
präsentiert sich recht malerisch.
Gleich bei der Regenbrücke liegt der
schmucke **Marktplatz**. Auf der Teil-
strecke zwischen Roding und dem
Kloster Walderbach zeigt sich der
Regen von seiner schönsten Seite.
Lieblich schlängelt sich der Fluss
durch eine von Wald und Wiesen
gesäumte Landschaft.

Runding   ■ B 6, S. 110
2200 Einwohner

Das kleine Runding ist ein gut be-
suchter Ferienort. Die Reste einer
der einst mächtigsten und reichsten
Burgen der Region auf dem Schloss-
berg erinnern mahnend daran, dass
die – damals noch gut erhaltene –
Burg im 19. Jh. als Steinbruch sträf-
lich zweckentfremdet wurde. Ein
beliebtes Ausflugsziel ist der 2 km
nördlich von Runding gelegene **Blau-
bergsee**.

Hotels/andere Unterkünfte

Reiterhof Runding
Das moderne, großzügige Ferien-
apartmenthotel ist nicht nur bei Pfer-
deliebhabern (Reithalle und Reitschule) beliebt. Eine Badelandschaft mit
Whirlpool, Sauna und Fitnessraum
sorgt für Abwechslung.
In den Sallerwiesen 1; Tel. 0 99 71/99 90,
Fax 99 92 00, 196 Betten ★★

Walderbach ◼ D 3, S. 109

Am Unterlauf des Regen bestand seit 1143 das **Zisterzienserkloster Walderbach**. Mehrfach umgebaut, zeigt sich der mächtige Komplex heute als typische Klosteranlage des Barockzeitalters. Die einstige Klosterkirche und heutige Pfarrkirche besticht trotz barockisierter Ausstattung durch ihren romanischen Charakter. Die Gurte und Rippen sind mit farbigen, dekorativen Fresken geschmückt. Die Kirche ist eines der wenigen erhaltenen Beispiele für ornamentale Architekturmalerei aus dem 12. Jh.

Museen

Elf Räume des Klosters bergen das **Museum des Landkreises Cham**. Es informiert unter anderem über die Geschichte des Klosters und das Leben in Walderbach um 1900.
Kirchstr. 5; April–Okt. Mi, Sa und So 14–17 Uhr; Eintritt 1,50 €, ermäßigt 1 €

Waldmünchen ◼ A 5, S. 110

7600 Einwohner

Die von Mönchen aus Chammünster gegründete Kreisstadt ist der nördlichste Ort, der noch zum Bayerischen Wald gezählt wird. Kriegszerstörungen und Feuersbrünste haben – abgesehen von dem ehemaligen Schloss – den größten Teil der historischen Bausubstanz vernichtet. Landschaftlich zeichnet sich die Grenzstadt durch ihre Hanglage über dem Schwarzachtal aus. Seit mehreren Jahrzehnten hat sich Waldmünchen als Festspielort des Heimatstückes »Trenck der Pandur« einen Namen gemacht. Der österreichische Pandurenoberst hatte den Ort 1742 im Gegensatz zur Nachbarstadt verschont.

Ein stilles Vergnügen: Kanufahrt auf dem Flüsschen Regen.

Wittelsbacherstadt

Deggendorf: Zwischen Passau und Regensburg liegt das »Tor zum Bayerischen Wald«. Die Donau fließt vorbei, die Berge sind nah – was will man mehr?

Deggendorf

■ CD 18, S. 116/117

30 000 Einwohner
Stadtplan → S. 29

Der Name der Stadt leitet sich von einem gewissen Tekko ab, der hier einst als Verwalter des ersten herzoglichen Hofes gelebt haben soll. Unter den Wittelsbachern erlebte die Stadt dann eine erste Blüte, wurde befestigt und zum Handelsplatz ausgebaut. Als sichtbare Zeichen des Wohlstands wurden im 14. Jh. die mächtige Heiliggrabkirche und der repräsentative Stadtturm errichtet. Das spätgotische Rathaus dominiert den Marktplatz fast schlossähnlich.

Die spätmittelalterliche Handelstradition hat sich bis in die Gegenwart erhalten: Die »Große Kreisstadt« ist heute ein recht lebendiges Verwaltungs- und Einkaufszentrum; der Deggendorfer Freihafen ist ein wichtiger Umschlagplatz der Donauschiffer, selbst Werften gibt es hier. Seit dem Wintersemester 1994/95 verfügt Deggendorf über eine Fachhochschule, an der in ein paar Jahren rund tausend junge Leute studieren sollen.

Hotels/andere Unterkünfte

Astron Parkhotel ■ a 3 (verdeckt) Zwischen Donaupromenade und Altstadt gelegen. Die sehr moderne Einrichtung mit einem monumentalen Gemälde in der Hotelhalle ist über-

Festlicher Umzug vor dem alten Deggendorfer Rathaus.

aus ansprechend. Den Gästen stehen zudem Whirlpool, Sauna und Solarium zur Verfügung.
Edlmairstr. 4; Tel. 09 91/3 44 60, Fax 3 44 64 23, 240 Betten ★ ★ ★ AmEx DINERS EURO VISA

Spaziergang

Der breite, lang gezogene Straßenmarkt (**Luitpoldplatz**), auf dem heute noch Obst, Gemüse, Kräuter und Blumen verkauft werden, weist Deggendorf als wittelsbacherische Stadtgründung des 13. Jh. aus. Von wohlhabenden Bürgerhäusern gesäumt, sehen Sie das **Alte Rathaus** und den freistehenden **Stadtturm** mitten auf dem Platz, während die **Heilig Grab-** kirche den Markt nach Süden hin abriegelt. Eine Besteigung des Turmes erlaubt einen guten Blick über Deggendorf. Der ovale Grundriss des historischen Zentrums ist am Verlauf der Straßen Östlicher und Westlicher Stadtgraben noch gut auszumachen. In der Westlichen Zwingergasse steht gar noch ein 30 m langes Reststück der mittelalterlichen **Stadtmauer**. Links und rechts des Luitpoldplatzes lassen sich in den Altstadtgassen immer wieder lauschige Winkel entdecken. Außerhalb der Altstadt, in der Richtung Donauufer gelegenen Unteren Vorstadt, steht die im Barockzeitalter stark veränderte **Pfarrkirche Mariä Himmelfahrt**; sie gilt als Urpfarrei Deggendorfs.

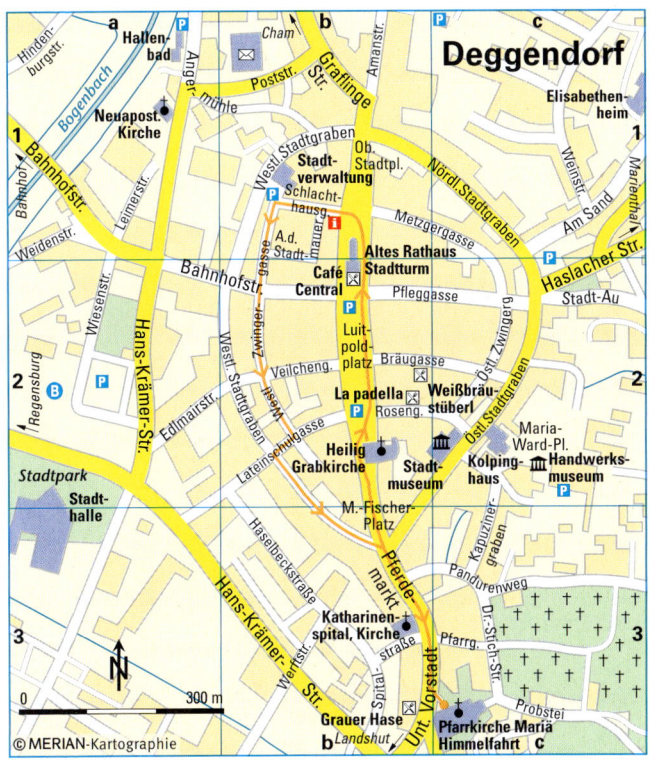

© MERIAN-Kartographie

Sehenswertes

Altes Rathaus und Stadtturm
■ b 1–2

Der 1380 errichtete Stadtturm beherrscht zusammen mit dem angegliederten Rathaus nicht nur den von Norden nach Süden verlaufenden Straßenmarkt, sondern das gesamte Bild der Stadt – ein kraftvolles Symbol für das erstarkte Selbstbewusstsein der Deggendorfer Bürger.

Heiliggrabkirche
■ b 2

Im Volksmund heißt die Kirche schlicht »Gnad«. Sie wurde 1337 als Sühnekirche errichtet, nachdem man die Deggendorfer Juden wegen eines angeblichen Hostienfrevels erschlagen oder vertrieben hatte. Der hohe, schlanke Kirchturm wird nicht zu Unrecht als einer der schönsten Barocktürme Süddeutschlands gerühmt. Durch ein barockes Portal betritt man den streng gotischen Kirchenraum mit seinem lichtdurchfluteten Chor. Dass beide gleich hoch sind, ist für Niederbayern recht untypisch.

Museen

Handwerksmuseum Deggendorf 👫
■ c 2

Museumsdidaktisch hervorragend konzipierte Darstellung der regionalen Handwerkstraditionen auf vier Etagen. Themen sind die Geschichte des Handwerks von der vorindustriellen Zeit bis zur Gegenwart, Frauen im Handwerk, ausgestorbene Handwerke und vieles mehr. Im Mittelpunkt steht jedoch immer der Handwerker im jeweiligen historischen, gesellschaftlichen und sozialen Kontext.
Maria-Ward-Platz 1; Di–Sa 10–16, So bis 17 Uhr; Eintritt 1,50 €, ermäßigt 1 € (die Karte gilt auch fürs Stadtmuseum)

Stadtmuseum Deggendorf
■ c 2

Die Siedlungs- und Kulturgeschichte der Stadt wird in der alten Knabenschule vorbildlich präsentiert. Besonders hervorzuheben sind der historische Kramladen und die »Sell'sche Apotheke«. Letztere bestand bis 1984 und wurde samt ihrer Biedermeierausstattung in das Museum verfrachtet. Ein besonderes Lob verdient die kritische Auseinandersetzung mit der Gnad-Wallfahrt.
Östlicher Stadtgraben 28; Di–Sa 10–16, So bis 17 Uhr; Eintritt 1,50 €, ermäßigt 1 € (die Karte gestattet auch den Besuch des Handwerksmuseums)

Essen und Trinken

Bräustüberl
■ b 2

Uriges Wirtshaus mit schlichten, großen Holztischen.
Bräugasse 8; Tel. 09 91/67 84; So geschl.;
★/★★

Café Central
■ b 2

Tagsüber trifft man sich auf der Terrasse des Bistro-Cafés, abends im Gewölbe des Ratskellers.
Oberer Stadtplatz 1; Tel. 09 91/67 37
★/★★

Grauer Hase M M
■ b 3

Der erst kürzlich renovierte Gasthof gefällt durch seine anspruchsvolle, moderne Küche. Schöne Terrasse.
Untere Vorstadt 12; Tel. 09 91/37 12 70
★★★ AmEx DINERS EURO VISA

La padella
■ b 2

Ambitioniertes italienisches Restaurant im Zentrum.
Rosengasse 7; Tel. 09 91/55 41; Mo geschl.
★★★ AmEx DINERS EURO VISA

Einkaufen

Eckert-Bärwurz M M
nordöstlich ■ c 1

Unweit von Deggendorf betreibt Gert Eckert die älteste Bärwurz-Destille der Welt.
Marienthal 3; Tel. 09 91/2 20 44; Mo–Fr 9–12.30 und 13.30–18, Sa 9–13 Uhr

Am Abend

Kapuzinerstadl ◼ c 2
In dem städtischen Kulturzentrum ist immer etwas geboten – Ausstellungen, Filme und Vorträge, Theater und Kabarett.
Maria-Ward-Platz 10; Tel. 09 91/40 83

Service

Auskunft

Kultur- und Verkehrsamt ◼ b 1
Oberer Stadtplatz, 94469 Deggendorf; Tel. 09 91/2 96 01 69, Fax 3 15 86; www. deggendorf.de

Ziele in der Umgebung

Datting ◼ E 18, S. 117

Vielleicht hat der bayerische König Max II. vor allem Datting vor Augen gehabt, als er von der Rusel in den Lallinger Winkel blickte und schwärmte, er habe bisher nicht gewusst, dass sein Bayernland so schön sei … Das denkmalgeschützte Bergdorf an einem Südhang des klimatisch begünstigten Talgrundes strahlt eine beschauliche Atmosphäre aus.

Gerholling ◼ E 18, S. 117

Auf dem Dorfanger steht ein sehenswerter Doppelbackofen, der glauben lässt, in Gerholling sei die Zeit stehengeblieben. Wenn die Bewohner ihr malerisches Dörflein im Lallinger Winkel verlassen würden, gäbe es über sein Bayernland ein wunderschönes kleines Freilichtmuseum mehr. Doch Gerholling lebt – und das ist gut so!

Hengersberg ◼ DE 19, S. 117
7000 Einwohner

Eingerahmt von zwei markanten Hügeln, dem Rohrberg und dem Frauenberg, erstreckt sich der alte Marktort am linken Donauufer; er ist die Eingangspforte zum Lallinger Winkel, dem »Obstgarten des Waldes«. Charakteristisch ist der Marktplatz mit seinen stattlichen niederbayerischen Bürgerhäusern und Gasthöfen. Die auf einem isolierten Bergkegel gelegene Rohrbergkirche birgt eines der bedeutendsten niederbayerischen Werke der Barockplastik, die »Mater Dolorosa« aus der Kelheimer Franziskanerkirche.

Kloster Metten ◼ C 18, S. 116

Mitten in den fruchtbaren Donauniederungen wurde das Benediktinerkloster Metten als eines der bayerischen Urklöster noch vor 770 gegründet. Die heutigen Gebäude stammen fast ausschließlich aus dem 18. Jh. Weltberühmt ist das Kloster wegen der Stuckplastiken seiner hochbarocken **Bibliothek**. Die Gemälde in den Gewölben verweisen auf die einst darunter platzierten Bücher.
Führungen tgl. 10 und 15 Uhr; Teilnahmegebühr 1,50 €

Kloster Niederalteich
◼ D 19, S. 117

Das Benediktinerkloster Niederalteich liegt am südlichen Donauufer gegenüber von Hengersberg. Von weitem schon grüßen die mächtigen Zwillingstürme. Das 741 gegründete Kloster war einst das reichste in Bayern. Die Inneneinrichtung wurde durch die Säkularisation vernichtet und die ausgedehnten Klostergebäude größtenteils abgerissen. Erhalten blieben die Abtei-, Konvent- und Brauereitrakt sowie die gotische Basilika St. Mauritius. Letztere wurde zu Beginn des 18. Jh. baulich stark verändert. Das Innere der Basilika wurde barockisiert. Reizvoll wirken die umgitterten Schalllöcher im nördlichen Seitenschiff und die prächtigen Schränke der Sakristei.

Zwei Superlative in einem: Der Luftkurort Freyung ist das höchstgelegene Städtchen im Bayerischen Wald und zugleich die östlichste Stadt Bayerns.

Freyung ■ CD 21, S. 118/119

7000 Einwohner

Ein so hoch gelegener Ort (658 m) wurde in früheren Zeiten nur ungern besiedelt. Deswegen lockte der Passauer Fürstbischof die Siedler mit der Zusicherung in das unwegsame Waldgebirge, sie für eine bestimmte Zeit von den meisten Abgaben und Pflichten eines Untertans zu befreien; daher auch der Name Freyung.

Die günstige Lage am Goldenen Steig (→ Routen und Touren, S. 95), dem Handelsweg ins salzarme Böhmen, sorgte für ein prosperierendes Wirtschaftsleben und ließ Freyung rasch aufblühen. Große Vieh- und Ochsenmärkte wurden mehrmals im Jahr abgehalten. Zum Schutz der Handelsstraße errichteten die Fürstbischöfe das auf einem Quarzriff des Pfahls thronende Schloss Wolfstein.

Wie zahlreiche andere Dörfer des Bayerischen Waldes zerstörte auch hier ein großer Brand den Ort. Weite Teile Freyungs fielen im Jahr 1872 den Flammen zum Opfer. Neben der Kirche und dem Rathaus lagen, abgesehen von dem stattlichen Pfarrhof und dem Schramlhaus, die meisten Häuser in Schutt und Asche. Doch die Bürger ließen sich keineswegs entmutigen und bauten ihre Stadt innerhalb weniger Jahre wieder auf; die Pfarrkirche Mariä Himmelfahrt entstand nun im neugotischen Stil. Freyung hat sich heute zum bedeutendsten Erholungsort mit einem ausgezeichneten Sommer- und Wintersportangebot im Unteren Bayerischen Wald entwickelt.

Hotels/andere Unterkünfte

Hotel-Gasthof Brodinger

Das moderne Hotel liegt direkt neben dem Freibad. Sauna und Hallenbad sind im Haus.
Zuppingerstr. 3; Tel. 0 85 51/43 42, Fax 79 73; www.brodinger.de; 40 Betten ★ ★
AmEx DINERS EURO VISA

Hotel Zur Post

Obwohl im Zentrum von Freyung gelegen, sind die von der Straße abgewandten Zimmer – alle mit Balkon oder Terrasse – überraschend ruhig.
Stadtplatz 2; Tel. 0 85 51/5 79 60, Fax 57 96 20; www.posthotel-freyung.de; 85 Betten ★ ★ EURO VISA

Museen

Jagd- und Fischereimuseum

Im Schloss Wolfstein, dem wuchtigen einstigen Jagdschloss der Passauer Fürstbischöfe, wird die Bedeutung von Jagd und Fischerei dargestellt. In einer angegliederten Galerie des Landkreises sind 200 Werke von 80 ostbayerischen Kulturschaffenden sowie wechselnde Ausstellungen zu bewundern, darunter Werke der Künstlervereinigungen »Donau-Wald-Gruppe« und »Bayerwaldkreis«. Ein repräsentativer Querschnitt durch die zeitgenössische Kunst des Bayerischen Waldes.
Wolfkerstr. 1; Di–So 10–17 Uhr; Nov.–Weihnachten geschl.; Eintritt 2 €

Wolfsteiner Heimatmuseum

Im ältesten bäuerlichen Anwesen von Freyung, dem um 1700 erbauten

»Schramlhaus«, werden der Glauben, der Alltag und die Wohnkultur der einfachen Leute dokumentiert: Trachten, Hinterglasbilder und bäuerliche Gerätschaften gehören zum Inventar. Abteistr. 8; Mitte Juni–Mitte Sept. Di–Fr 14–17, sonst Di und Do 14–17 Uhr, Sa 10–12 Uhr; Nov.–Mitte Dez. geschl.; Eintritt 1,50 €

Essen und Trinken

Landgasthaus Schuster
Veredelte Regionalküche.
Ort 19; Tel. 0 85 51/71 84; Mo und Di mittags geschl. ★ ★ ★

Am Abend

Mundartbühne Ringelai M
Im Theaterstadl des Ferienhotels Groß in Ringelai hat sich seit einigen Jahren ein beachtenswertes bayerisches Volkstheater etabliert. Gespielt werden Komödien und zeitgenössische Mundart-Musicals.
Aufführungen jeden Fr, Sa, So, Fei 20 Uhr; Kartenvorbestellungen Tel. 0 85 83/26 47

Kinofreunde gehen ins
Royalfilm-Theater
Am Markt 1; Tel. 0 85 51/71 62

Service

Auskunft

Verkehrsamt
Kurhaus, Rathausplatz 2, 94078 Freyung; Tel. 0 85 51/5 88 50, Fax 5 88 55; www.freyung.de

Freibad
Zuppinger Str. 1; Tel. 0 85 51/44 50

Kurhaus
Mitten im Zentrum gelegen, bietet das moderne Kurhaus: einen Kursaal mit Bühne, Café, Kino, zwei Kegelbahnen, Bibliothek und Leseraum sowie einen Ferienkindergarten.

Ziele in der Umgebung

Burg Fürsteneck

■ C 22, S. 118

Schon Ende des 12. Jh. wurde der strategisch günstig gelegene Ort befestigt. Er liegt hoch oben auf einem Bergrücken in einer Ilzschleife. Später wurde Fürsteneck von den Passauer Fürstbischöfen zum barocken Jagdschloss ausgebaut. Heute beherbergt das in Privatbesitz befindliche Schloss einen einfachen Gasthof (Schloßweg 5; Tel. 0 85 05/14 73 ★ AmEx EURO).

Dreiburgenland

■ BC 22, S. 118

Die Saldenburg, Schloss Fürstenstein und das Schlösschen Englburg gaben der reizvollen buckeligen Landschaft den Namen. Bekannt geworden ist die Gegend vor allem durch den einstigen Bundespräsidenten Theodor Heuss, der hier einmal seinen Urlaub verbrachte. Zentrum ist der Markt **Tittling**, der zu den ältesten Ansiedlungen des gesamten Bayerischen Waldes gezählt werden darf.

Die **Englburg,** jüngste und schönste der drei namensgebenden Burgen, ist von einem reizvollen Park mit romantischen Felspartien umgeben. Sie wurde wahrscheinlich im späten 13. Jh. von den Grafen von Hals gegründet. Heute betreiben die Englischen Fräulein hier eine Erholungsstätte. Nur eine halbe Wegstunde weiter westlich thront **Schloss Fürstenstein** auf einem steilen Granitfelsen. Mit seiner doppelten Ringmauer, zwei Toren und sechs Türmen muss das Schloss einst einen überaus wehrhaften Charakter besessen haben. Krieg und Brände zerstörten jedoch vieles. Erst 1860 wurde das Schloss wieder aufgebaut und beherbergt seit langem ein ebenfalls von den Englischen Fräulein geleitetes

Knabeninternat. Trutzig überragt der fast quadratische Wohnturm der **Saldenburg** das gleichnamige Dorf. Heinrich Tuschl, ihr Erbauer, lebt nach einer unglücklichen Ehe als »Ritter Allain« in der Sage fort. Die Nachfolge der zahlreichen adeligen Burgherren hat der Bayerische Jugendherbergsverband angetreten, der hier seit 1929 eine idyllisch gelegene **Jugendherberge** (Tel. 0 85 04/ 16 55) betreibt. Eine Brücke führt über den Halsgraben zum mächtigen Haupthaus.

Museen

Museumsdorf Bayerischer Wald 👬
Eines der größten Freilichtmuseen Europas ist die Hauptattraktion Tittlings. Ein Spaziergang durch das Museumsdorf mit seinen knapp 50 dicht gedrängt stehenden Bauernhöfen, Mühlen und alten Kapellen ist wie eine kleine Reise in die ländliche Vergangenheit des Bayerischen Waldes. Dauerausstellungen, etwa über historische Fuhrwerke, erhellen den sozialgeschichtlichen Hintergrund. Einkehren kann man im »Mühlhiasl«, dem historischen Gasthaus des Museumsdorfes. Palmsonntag–31. Okt. tgl. 9–17 Uhr, im Winter nur Besichtigung von außen; Eintritt 2,50 €, Winter 1 €

Dreiburgensee 👬
■ B 22, S. 118

Nahe des Weilers Rothau liegt, umgeben von Fichten- und Buchenwäldern, der wärmste und einer der beliebtesten Badeseen des Bayerischen Waldes mit Strandbad und Bootsverleih.

Dreisessel
■ F 21, S. 119

Der Sage nach symbolisieren die drei bizarren Granitfelssäulen auf dem Dreisesselberg (Abbildung → S. 2) die Herrscher der drei Nachbarländer

Bayern, Böhmen und Österreich, die sich hier über Grenzstreitigkeiten beraten. Mit seinen 1332 m ist der Dreisessel die höchste Erhebung im Unteren Bayerischen Wald. Wer Touren durch den Hochwald liebt, dem empfiehlt sich eine Tageswanderung über die Grenze nach Böhmen zum 1030 m hoch gelegenen **Plöckensteinsee** mit dem Adalbert-Stifter-Denkmal.

Grainet
■ DE 21, S. 119

Der Ort ging aus einer Säumerstation am Goldenen Steig hervor. Das beschauliche Dorf hat bis auf die barocke Dreifaltigkeitskirche und die spätgotische St.-Nikolaus-Kapelle wenig Sehenswertes zu bieten – aber wegen des recht unverfälschten dörflichen Flairs sollte man sich in Grainet ein bisschen umschauen.

❶ MERIAN-Tipp

Goldener Steig, was für ein Name! Man wandert auf diesem Weg nun zwar nicht gerade auf vergoldeten Treppenstiegen, dafür aber auf historisch bedeutsamen Pfaden: Der Goldene Steig war die wichtigste mittelalterliche Verbindung zwischen Bayern und Böhmen. Da es in Böhmen kein Salz gab, musste das »weiße Gold« importiert werden. Grund genug, einen Teil dieses historischen Handelsweges auf den Spuren der Säumer – wie die »Transportunternehmer« einst genannt wurden – zu Fuß zu erkunden. Als Einstimmung empfiehlt sich ein Besuch im **Museum Goldener Steig** in Waldkirchen (→ S. 35).

■ D 22, S. 119

Kreuzberg ■ D 21, S. 119

Nördlich von Freyung, auf einer nach allen Richtungen gleichmäßig abfallenden Kuppe eines Gneisrückens, liegt das uralte Waldhufendorf Kreuzberg. Der von einem eleganten Kirchturm dominierte Ort steht als agrokulturelles Zeugnis unter Ensembleschutz. Das Zentrum von Kreuzberg bilden fünf kreisförmig angeordnete Bauernhöfe, von denen ausgehend der Berg gerodet wurde. Der Name Kreuzberg kommt von Gereutsberg (= gerodeter Berg).

Leopoldsreut ■ E 21, S. 119

In der Nähe von Philippsreut liegt das verlassene Dorf Leopoldsreut, von dem nur noch die Kirche und die Schule zu sehen sind – einst wurde die Schule »Hochschule des Bayerischen Waldes« genannt, denn es war die höchstgelegene Dorfschule Deutschlands. Schöner Rundblick vom Aussichtsturm auf dem nahen **Haidel** (1167 m).

Waldkirchen ■ D 22, S. 119

10500 Einwohner

Auf dem Tourismussektor hat Waldkirchen, einer der ältesten Orte im Ilzgau, in den letzten Jahren erheblich expandiert. Bekannt geworden ist Waldkirchen vor allem als Heimat der Wirtstochter und Schriftstellerin Emerenz Meier. Im Ortsteil Schiefweg kann das Geburtshaus der Dichterin (1874–1924) noch besichtigt werden. Schön anzusehen ist der lang gestreckte, verkehrsberuhigte Stadtplatz – beschaulich plätschert hier ein künstlich angelegtes Bächlein – mit der Mariensäule und der neugotischen **Pfarrkirche St. Peter und Paul**, die wegen ihrer Größe auch »Dom des Bayerischen Waldes« genannt wird. An einer Ecke des Platzes steht der **Ewige Hochzeiter**. Ein junger Steinmetz hat ihn zum Gedenken an alle Junggesellen aus Granit gemeißelt. Hundert Jahre später hatten die Waldkirchner Erbarmen: Schräg gegenüber stellten sie seine Braut, die »Gretl«, auf. Auffallend ist der noch recht gut erhaltene Mauerring, der den traditionsreichen Hauptort am Goldenen Steig einst schützte.

Sehenswertes

Saußbachklamm

Von Waldkirchen aus ist das unter Naturschutz stehende Tal des Saußbachs einfach und schnell zu erreichen. Es liegt gleich an der Straße nach Hauzenberg. Ein markierter Wanderweg führt in die tief eingeschnittene malerische Saußbachklamm (ca. 1 km). In der **Saußbachmühle**, wo bürgerliche Kost serviert wird, sitzt man recht romantisch (Mi geschl. ★★).

Museen

Goldener Steig

In einem der alten Wehrtürme wird die Geschichte und Bedeutung des traditionsreichen Handelsweges sehr anschaulich und ausführlich dokumentiert.
Büchl 22 (Ringmauerturm); Mai–Okt. und Weihnachten jeweils Di–So 14–16 Uhr; Eintritt 1,50 €

Service

Auskunft

Tourismusbüro
Ringmauerstr. 14, 94065 Waldkirchen; Tel. 0 85 81/1 94 33, Fax 40 90

Bäderpark Karoli

Das Frei- und Hallenbad mit einer 106 m langen Rutsche und mehreren Schwimmbecken steht bei kleinen und großen Wasserratten traditionell hoch im Kurs.

Ein Urlaub im Bayerischen Wald wäre ohne sportliche Aktivitäten nicht denkbar. Eine besondere Anziehungskraft üben selbstverständlich die Berge aus, aber auch die dichten Wälder sowie rauschenden Bäche und Flüsse fordern sportliche Naturen heraus: Der Regen und die Ilz eignen sich hervorragend für Kanu- und Kajaktouren.

Wer das Abenteuer liebt, stürzt sich mit dem Drachen oder Gleitschirm die Berge hinunter; naturverbundene Urlauber ziehen es hingegen vor, das Waldgebirge zu Fuß zu erkunden. Im Hochsommer bieten

Aktivurlaubern stehen zahlreiche Angebote offen, wobei Wandern und Wintersport besonders beliebt sind. Und Badespaß – nicht nur im Sommer – ist auch garantiert.

zahlreiche Seen und Erlebnisbäder willkommene Abkühlung.

Im Winter ruht zwar die Landschaft unter einer dicken Schneedecke, nicht jedoch der Sportsgeist. Schier endlose Kilometer gespurter Loipen warten, schneesicher bis weit ins Frühjahr hinein, auf die Freunde des Langlaufs, während der Große Arber fest in der Hand der Abfahrtsläufer ist. Gemütlicher geht es beim Eisstockschießen zu. Mondänes Après-Ski ist allerdings weniger angesagt.

Angeln

Wer in den stehenden und fließenden Gewässern des Bayerischen Waldes seine Angel auswerfen will, benötigt dazu eine Angelkarte. Der Tourismusverband Ostbayern (→ Auskunft, S. 100) hält für Interessierte die Broschüre »Angeln in Ostbayern« bereit. In ihr sind sämtliche Gewässer aufgeführt, in denen Angeln erlaubt ist, sowie die jeweiligen Ausgabestellen der Angelkarten. Voraussetzung ist selbstverständlich ein gültiger Fischereischein.

Baden

Der größte unter den zahlreichen natürlichen und aufgestauten Badeseen des Bayerischen Waldes ist der Rannasee bei Wegscheid. Großer Beliebtheit erfreuen sich auch der Dreiburgensee bei Tittling und der Rohrbach-Stausee bei Eging am See. An fast allen Seen werden auch Ruderboote vermietet, Surfbretter muss man selbst mitbringen. Darüber hinaus verfügen die meisten Fremdenverkehrsorte über ein beheiztes Freibad, mancherorts stehen den Badefreunden auch kommunale Hallenbäder offen. Seit einiger Zeit geht der Trend verstärkt in Richtung Freizeitbad: Die schönsten Erlebnisbäder mit Wellenbecken und Riesenwasserrutsche finden Sie in Straubing, Regensburg, Waldkirchen und Waldmünchen.

Drachenfliegen

Der Bayerische Wald ist hervorragend für den Drachenflugsport geeignet; Standorte sind unter anderem in Breitenberg, Grainet, Hohenwarth, Rettenbach und im Lallinger Winkel. Am Hohen Bogen gibt es zudem eine Gleitschirmschule.

Eisstockschießen

Sobald ein über mehrere Tage hinweg andauerndes Frostwetter die natürlichen oder künstlichen Wasserflächen mit einer tragfähigen Eisschicht überzogen hat, tauchen die Eisstockschützen wie aus dem Nichts auf. Denn was dem Franzosen sein Boulespiel, ist dem Waldler sein Eisstockschießen – schließlich hat er es ja erfunden! Gespielt wird in zwei Teams auf einer glatt gefegten Eisfläche. Gewonnen hat diejenige Mannschaft, deren Eisstöcke am häufigsten neben dem Zielklotz, der so genannten Daube, platziert waren. Im Sommer muss man der Übung halber mit einer Asphaltbahn vorlieb nehmen.

Golf

Neben unzähligen Minigolfanlagen wurden in den letzten Jahren auch mehrere erstklassige Golfplätze angelegt – der einst als elitär geltende Sport entwickelt sich schließlich allmählich zur Volksleidenschaft. In den Golfschulen, die den jeweiligen Plätzen angeschlossen sind, wird der Anfänger in die Kunst des richtigen Abschlags eingewiesen.

Deggendorf ■ CD 18, S. 116/117
9-Loch-Anlage; Tel. 0 99 20/89 11

Furth im Wald ■ BC 5, S. 110
9-Loch-Anlage; Tel. 0 99 73/20 89

Kellberg-Thyrnau ■ D 23, S. 119
18-Loch-Anlage; Tel. 0 85 01/13 13

Kirchroth ■ F 14, S. 115
18-Loch-Anlage; Tel. 0 94 28/89 60

Lalling ■ E 18, S. 117
9-Loch-Anlage; Tel. 0 99 04/3 74

Lindberg/Oberzwieselau
östlich ■ F 8, S. 111
18-Loch-Anlage; Tel. 0 99 22/23 67

Waldkirchen ■ D 22, S. 119
9-Loch-Anlage; Tel. 0 85 81/10 40

Rad fahren

Die Berge des Bayerischen Waldes mit dem Mountainbike zu erklimmen ist nicht jedermanns Sache, aber wer die sportliche Herausforderung liebt, findet hier zahlreiche Steigungen. Geruhsamer radelt es sich an der Donau entlang von Regensburg nach Passau (→ Routen und Touren, S. 94). Neben vielen ausgebauten Radwegen eignen sich auch die teilweise recht wenig befahrenen Landstraßen gut für Tourenfahrer. Mit einem außergewöhnlichen Fahrradweg wartet Falkenstein auf: Die aufgelassene Bahntrasse nach Regensburg wurde zum Radweg umgebaut.

Lohnenswert ist auch eine Tour auf dem 154 km langen Regental-Radwanderweg. Der gut ausgeschilderte Radweg führt von Regensburg über Nittenau, Roding, Cham, Viechtach, Regen, Zwiesel bis nach Bayerisch Eisenstein. Die Broschüre EldoRado informiert über alle markierten Fernradwege (1500 km) der Region.

Die neueste Sport-Attraktion ist der BMW-Bikepark am Geißkopf bei Bischofsmais. Ein Sessellift bringt die Biker den Berg hinauf, damit sie sich auf mehreren Strecken mit unterschiedlichem Schwierigkeitsgrad halsbrecherisch mit dem Mountainbike ins Tal hinabstürzen oder im Dual-Slalom um die Wette fahren können. Bikes, Helme und Schutzbekleidung werden vor Ort verliehen (Infos: Tel. 0 99 20/90 31 35; www.bikepark.net).

Reiten

Zahlreiche Reitschulen und Höfe bieten spezielle Reiterferien an, teilweise besteht auch die Möglichkeit, das eigene Pferd unterzustellen. Der Tourismusverband Ostbayern (→ Auskunft, S. 100) hat eine informative Broschüre mit dem Titel »Reiten in Ostbayern« erstellt. Vielfach ermöglicht aber auch ein Urlaub auf dem Bauernhof den Kontakt mit Pferden, auch wenn keine ausgesprochenen Reiterferien angeboten werden.

Eine besondere Attraktion ist sicherlich die **Trabrennbahn** von Straubing: Wenn sich in Ostbayerns größter Trabrennbahn einmal wöchentlich die Pferdenarren versammeln, geht es hoch her.

Skilanglauf

Im Winter lässt sich der Bayerische Wald am besten mit Langlaufskiern durchstreifen. Keine andere deutsche Ferienregion wurde vom ADAC-Skiatlas mit mehr Sternen ausgezeichnet. Weit mehr als tausend Loipenkilometer werden hier alljährlich gespurt, und das bis weit ins Frühjahr hinein. Das Langlaufzentrum **Bretterschachten** ist bekannt für seine ausgezeichneten Schneeverhältnisse.

Auf der **Bayerwald-Loipe**, die vom Arbergebiet über den Nationalpark zum Dreisessel führt, gibt es ein besonderes Angebot: Sechs Tage lang kann man etwa 150 km weit ohne Gepäck- und Quartiersorgen auf Skiern durch den Wald wandern. Infos: Tourismusverband Ostbayern (→ Auskunft, S. 100).

Tennis

Die Freunde des »weißen Sports« finden in jedem größeren Ort Tennisplätze und -hallen vor. Sporthotels sowie die Ferienparks in Bischofsmais und Freyung verfügen über eine eigene moderne Tennishalle.

Wandern

Wandern, die klassische Art, ein Mittelgebirge zu erkunden, steht selbstverständlich auch im Bayerischen

Die Wintersportgebiete des Bayerischen Waldes – hier am Hohen Bogen – gelten als schneereichste und schneesicherste der Bundesrepublik.

Wald ganz oben auf der Skala der beliebtesten Freizeitvergnügen. Nicht nur die sportlichen Wanderer finden ihren Pfad, auch diejenigen, die es lieber gemütlich angehen möchten, kommen auf ihre Kosten. Um die Markierung der Wanderwege kümmert sich seit 1883 der Bayerische Waldverein, der auch zahlreiche Berghütten unterhält.

Bayerischer Waldverein ■ F 8, S. 111
Angerstr. 39, 94227 Zwiesel;
Tel. 0 99 22/92 65

Wasserski

Die Möglichkeit zum Wasserskifahren besteht auf der Donau in Obernzell, dem größten Wasserskizentrum des Bayerischen Waldes, außerdem in Metten, in Winzer und am Friedenhainsee bei Straubing auf einer Wasserskiseilbahn.

Wintersport

Dank seiner knapp an die 1500-m-Grenze reichenden Gipfel garantiert der Bayerische Wald ein relativ schneesicheres Ski- und Rodelvergnügen – und das ohne Föhn und ohne Lawinengefahr. Norwegische Forststudenten sollen im 19. Jh. den **Skilanglauf** im Bayerischen Wald bekannt gemacht haben. Den Langläufern stehen heute mehr als tausend Kilometer gespurte Loipen zur Verfügung; die alpinen Skiläufer werden von über hundert Liftanlagen die jeweiligen Hänge hochbefördert, mancherorts auch nachts bei Flutlicht. Die leichten bis mittelschweren Pisten sind recht familienfreundlich.

Das bekannteste Wintersportgebiet breitet sich rund um den Großen Arber bei Bayerisch Eisenstein aus. Weitere Skigebiete liegen in der Nähe von Bischofsmais, Mitterfirmiansreuth, Sankt Englmar, Spiegelau, Waldkirchen und Zwiesel. Die Langlaufzentren Scheiben im Lamer Winkel und Bretterschachten bei Bodenmais sind wegen ihrer Höhenlage (über 1000 m ü. d. M.) als sehr schneesicher einzustufen. Hier kann man auch dann noch auf präparierten Loipen laufen, wenn im Tal die Wiesen bereits grün schimmern.

Es macht richtig Spaß, durch die verwinkelten mittelalterlichen Gassen zu spazieren: Kötzting ist ein malerisches Städtchen mit eng zusammenstehenden Häusern.

Kötzting

■ C 7, S. 110

7300 Einwohner

Nicht weit von der Stelle entfernt, an der der Weiße und der Schwarze Regen zusammenfließen, gründete das Kloster Rott am Inn eine Ansiedlung. Schon Mitte des 13. Jh. wurde Kötzting mit Marktrechten ausgestattet; 1453 stieg der Markt dann zur – gut befestigten – Stadt auf. Beispielhaft für die Grenzbefestigung dieser Gegend ist die ehemalige Kirchenburg, von der heute noch Wassergraben und Wehrtürme erhalten sind. An Stelle der Kirchenburg steht heute die barocke Pfarrkirche Mariä Himmelfahrt mit einem aus Granit gemeißelten romanischen Taufstein. Sie ist noch immer von einem befestigten Friedhof umgeben. Durch Kriege und Feuersbrünste wurde die Stadt leider häufig verwüstet. Dennoch konnte sie sich einen altertümlichen Charakter bewahren. Der schöne Marktplatz trägt zu diesem Eindruck erheblich bei.

Alljährlich zu Pfingsten wird mit dem **Kötztinger Pfingstritt** eines der ältesten Brauchtümer des Bayerischen Waldes zelebriert.

Hotels/andere Unterkünfte

Amberger Hof

Modern ausgestattetes Hotel mit angegliedertem Restaurant am Rande der Altstadt. Seit Jahrzehnten das erste Haus am Platz.

Torstr. 2; Tel. 0 99 41/95 00, Fax 95 01 10; www.amberger-hof.de; 70 Betten ★ ★

EURO

Feriendorf Schloßberg-Zandt

Moderne, schön gelegene Feriendorfanlage mit zahlreichen Annehmlichkeiten: Hallenbad, Sauna, Squash …

Am Kellerberg 91, 93499 Zandt; Tel. 0 99 44/3 40 30, Fax 91 86, 46 Ferienhäuser ★ ★

Schlossgasthof Rösch

Einfache Zimmer in historischem Ambiente. Das Schloss hat einen schönen, steilen Treppengiebel. Weitläufige Außenanlagen. Terrasse und Biergarten

Kirchplatz 10, 93476 Blaibach; Tel. 0 99 41/ 9 46 70, Fax 94 67 67; www.schlossgasthof-roesch.de; 64 Betten ★ / ★ ★

Camping

In Kötzting gibt es insgesamt drei Campingplätze, zwei davon liegen am Weißen Regen, einer am Fuße des Haidstein.

Am Flussfreibad

Jahnstr. 42; Tel. 0 99 41/81 24

Ammermühle

Ammermühle 1; Tel. 0 99 41/89 84

Campingurlaub auf dem Bauernhof

Jahnstr. 41; Tel. 0 99 41/61 96

Essen und Trinken

Hotel-Gasthof Zur Post

Traditionsreiches Haus seit über 100 Jahren. Die Holzvertäfelung und der Kachelofen sorgen für eine heimelige Atmosphäre.

Herrenstr. 10; Tel. 0 99 41/66 28, Fax 26 04; 19 Betten ★ ★

Osl M

Hier gilt der Spruch »Der Chef kocht selbst« noch uneingeschränkt. Das Wirtsehepaar sorgt dafür, dass nur ausgesuchte frische Produkte aus der Region auf den Tisch kommen.
Marktstr. 32; Tel. 0 99 41/10 45; Di und Mi geschl. ★ ★

Einkaufen

Galerie Wolferlhof

In der Galerie Wolferlhof in Wettzell, zwischen Kötzting und Viechtach, kann man zeitgenössische Malerei nicht nur bewundern, sondern auch kaufen.
Wettzell 5; Tel. 0 99 41/90 53 15; Mi und Do 10–18, Sa und So 10–16 Uhr

Am Abend

Diskothek »Cockpit«
Spitalplatz 2; Tel. 0 99 41/13 82

Diskothek »Flash«
Arnbrucker Str. 28; Tel. 0 99 41/23 61

Kino-Center
Müllerstraße; Tel. 0 99 41/27 80

Service

Auskunft

Tourist-Information
Herrenstr. 10, 93444 Kötzting; Tel. 0 99 41/ 60 21 50, Fax 60 21 55; www.koetzting.de

Bootwandern 👥

Von Kötzting aus ist es möglich, auf dem Regen in ein paar Tagen bequem nach Regensburg zu paddeln. Prospekt beim Verkehrsamt; Kajaks und Kanadier verleiht **Aqua hema** (Tel. 0 99 41/41 28. Fax 70 30).

Ozonhallen- und Wellenfreibad
Großzügige und attraktive Badelandschaft.
Lamer Str. 8

Ziele in der Umgebung

Haidstein   ■ B 6, S. 110

Ein Aufstieg zum Kötztinger Hausberg lohnt. Auf dem 743 m hohen Berggipfel hat man nicht nur eine gute Fernsicht, sondern kann gleich die **Wallfahrtskirche St. Ulrich** besichtigen, die einst anstelle einer Burg der Ritter von Haidstein errichtet wurde.

Hoher Bogen   ■ C 6, S. 110

Der Hohe Bogen – ein beliebtes Skizentrum – ist zwar nicht der höchste Berg des Bayerischen Waldes, dafür führt die längste Doppelsesselbahn der gesamten Region zum Gipfel des Ahornriegel (1050 m). Genau genommen ist der Hohe Bogen ein lang gestreckter Bergrücken mit mehreren Kuppen, deren höchste, der Schwarzriegel, 1079 m emporragt. Der Bergrücken eignet sich gut für eine Halbtages-Wandertour. In der warmen Jahreszeit kann man auf einer **Sommerrodelbahn** 👥 mit 16 Steilkurven 750 m weit den Berg hinunterbrausen.

Lamer Winkel   ■ DE 7, S. 111

Eingerahmt von Arber, Osser und Kaitersberg, präsentiert sich der Lamer Winkel mit seinen beiden Hauptorten Lam und Lohberg als eine der schönsten Regionen des Bayerischen Waldes. Seit dem 11. Jh. lebten in diesem Waldgebiet so genannte künische (königliche) Freibauern. Sie besaßen zahlreiche rechtliche Privilegien und unterstanden direkt dem König. Das Ortsbild von **Lam** wird durch die barocke Pfarrkirche St. Ulrich bestimmt. In **Lohberg** wurde eine alte Kirche zu einem Gasthaus umgebaut. Die Kassettendecke ist noch erhalten.

Landschaftlich besonders reizvoll ist die **Scheibenstraße**, die sich von Lohberg aus auf den 1033 m hohen Brennessattel hinaufwindet.

Sehenswertes

Bayerwald-Tierpark Lohberg
→ S. 78

Märchen- und Gespensterschloss
→ S. 79

Essen und Trinken

Lamer Winkel
Ein Name, ein Programm: Der Gast
hat die fast qualvolle Aufgabe, aus
der ganzen Vielfalt der regionalen
Spezialitäten zu wählen.
Lam, Marktplatz 9; Tel. o 99 43/12 86;
Mi geschl. ★★

Service

Auskunft

Tourist-Information
Marktplatz 1, 93462 Lam; Tel. o 99 43/7 77,
Fax 81 77

*Die »Fischerkanzel« der Rokoko-
kirche von Weißenregen beeindruckt
durch die plastische Darstellung
biblischer Motive.*

Miltach ■ B 7, S. 110

2300 Einwohner

Die Hauptsehenswürdigkeit des in einer Regenschleife gelegenen Ferien-
ortes ist das **Miltacher Schloss**; es
stammt aus dem 17. Jh. und wurde
unlängst restauriert (geöffnet Mai–
Okt.). Von den umliegenden Höhen-
dörfern bieten sich herrliche Ausblicke auf die Bayerwaldberge.

Neukirchen beim Heiligen Blut ■ D 6, S. 111

4200 Einwohner

Seit mehr als 500 Jahren pilgern die
Gläubigen schon zur Pfarr- und Wallfahrtskirche Mariä Geburt. Im 15. Jh.
soll, als die böhmischen Hussiten
das Dorf überfielen, ein Reiter aus
Übermut Haupt und Krone einer hölzernen Madonna gespalten haben.
Blut quoll hervor – aus »Neukirchen
vor dem Böhmerwald« war quasi
über Nacht »Neukirchen beim Heiligen Blut« geworden.

Die heutige **Wallfahrtskirche**, ein
ansehnlicher barocker Bau, bildet zusammen mit der später angebauten
Kirche des Franziskanerklosters einen gemeinsamen, durch einen doppelten Hochaltar geteilten Raum. Direkt am Hochaltar steht auch das
Gnadenbild.

Angesichts der Wallfahrtstradition
verwundert es auch nicht, dass in
Neukirchen beim Heiligen Blut die
Herstellung von Rosenkränzen seit
jeher ein beliebter Heimarbeitszweig
ist. Noch heute sind 15 Angestellte
und rund 70 Heimarbeiter damit be-
schäftigt, die begehrten Devotionali-
en auf eine Schnur zu fädeln. Zudem
kommen – abgesehen von den Wall-
fahrern – sommers wie winters zahlreiche Touristen in den beliebten Ferienort am Fuße des Hohen Bogen.

Hotels/andere Unterkünfte

Burghotel am Hohen Bogen **M**

■ D 6, S. 111

Das familiengeführte Hotel inmitten des Naturparks »Oberer Bayerischer Wald« lässt keine Wünsche offen: farbharmonisch designte Zimmer und Suiten in verschiedenen Stilrichtungen; Gourmetfreuden in diversen Restaurants oder auf der schönsten Dachterrasse des Landkreises; Frei- und Hallenbad, Sauna, Solarium und Beauty-Farm; dazu einfallsreiche Sonderaktionen – kurz: Wohlbefinden für Körper, Geist und Seele ist garantiert! 93453 Neukirchen beim Hl. Blut; Tel. 09 94/20 10, Fax 20 12 93, 250 Betten
★ ★ ★ AmEx DINERS EURO VISA

Museen

Wallfahrtsmuseum

Das erste Wallfahrtsmuseum Bayerns öffnete erst 1992 seine Pforten. Verteilt auf drei Stockwerke des ehemaligen Pflegschlosses, werden die kulturgeschichtlichen Aspekte der katholischen Volksfrömmigkeit erläutert. Selbstverständlich ist auch die Geschichte der Marienwallfahrt nach Neukirchen beim Heiligen Blut ausführlich dokumentiert. Zudem widmet sich das Museum auch der als »Neukirchener Schule« bekannten Hinterglasmalerei.
Marktplatz 10; Di–Fr 9–12 und 13–16, am Wochenende 10–12 und 13–16 Uhr; Eintritt Eintritt 2 €, ermäßigt 1 €

Osser

■ E 6, S. 111

Mit seinen beiden gewaltigen Felszacken erinnert der Osser (1293 m) von allen Gipfeln des Bayerischen Waldes noch am ehesten an die Form scharfer Alpenspitzen. Der schroffe Gipfel mit dem Osserschutzhaus ist von Lohberg wie auch von Lam aus in rund zwei Stunden zu erreichen. Nur einen Steinwurf weit vom Osser-schutzhaus entfernt verläuft die tschechische Grenze. Als Ziel einer Tageswanderung empfehlen sich der Teufelssee und der Schwarze See.

Weißenregen

■ C 7, S. 110

Von Kötzting ist die Wallfahrtskirche von Weißenregen deutlich auf der Spitze eines Hügels auszumachen. Prachtvoll grüßt sie ins Tal, während der kleine Ort dahinter versteckt bleibt. Die **Fischerkanzel** der wunderschönen Rokokokirche von Weißenregen ist ein begehrtes Fotomotiv: Zwei Jünger beugen sich nach unten, um die im Netz wimmelnden Fische einzuholen, während der Prophet Jonas wohlbehalten aus dem Bauch des Wals schaut. Die von dem Kötztinger Johann Paul Hager in Form eines hochbordigen Bootes geschaffene Kanzel ist die reichste ihrer Art in Bayern.

❶ MERIAN-Tipp

Totenbretter Bei Arnbruck im Zellertal, zwischen Bodenmais und Kötzting, sind zahlreiche – mittlerweile schon recht morsche – Totenbretter zu finden (Abbildung → S. 90/91). Einst wurden die Toten auf ihnen zwei oder drei Tage lang aufgebahrt. Nach der Einsargung, Aussegnung und Beerdigung wurden die Bretter noch geformt, bemalt, mit Namen und Lebensdaten des Verstorbenen und einem Spruch versehen, bevor sie im Freien – oft am einstigen Lieblingsplatz des Verstorbenen – aufgestellt wurden. Die verwitterten Totenbretter sind zwar sehr pittoresk, doch sollte man ihren besinnlichen Charakter nicht aus den Augen verlieren. ■ D 7, S. 111

Der Traum von einem Stück unberührter, sich selbst überlassener Natur wird hier in einem 24 250 Hektar großen Areal realisiert. Der Mensch hat nur die Rolle des Zuschauers.

Nationalpark Bayerischer Wald ■ B–D 12, S. 112/113

Rund um Rachel und Lusen wurde 1970 im grenznahen Gebiet des Bayerischen Waldes der erste deutsche Nationalpark geschaffen. Dies war nicht einfach: Zahlreiche Widerstände mussten überwunden, ein Konzept erarbeitet und unterschiedliche Ansichten über den Sinn und Zweck eines Nationalparks abgestimmt werden. Heute, über ein Vierteljahrhundert später, kann der Erfolg des Projektes bewundert werden: Von in- und ausländischen Besuchern wird der Nationalpark Bayerischer Wald als Vorbild für einen Modell-Nationalpark in einem dicht besiedelten Land angesehen. Die Zeitschrift *GEO* würdigte ihn, indem sie ihm den ersten Rang unter den deutschen Nationalparks verlieh.

Die Zukunftsaussichten des Nationalparks haben sich mittlerweile noch weiter verbessert, da die Tschechische Republik den jenseits der Grenze gelegenen Böhmerwald ebenfalls zum Nationalpark erklärte und im September 1997 – nach langen, heftigen Kontroversen – die Erweiterung des Nationalparks Bayerischer Wald um 10 500 ha auf jetzt 24 250 ha beschlossen wurde.

Ein großer Teil des Nationalparks ist von natürlichem Bergwald bedeckt. Hier darf kein einziger Baum mehr gefällt und auf kein Tier geschossen werden. Kreuz und quer liegen die Stämme übereinander, gewaltige Wurzelteller ragen meterhoch empor. Auch in den Randgebieten, die den Wanderern auf bestimmten Wegen zugänglich sind, wird nur vereinzelt und sanft steuernd in den Natur-

Nationalpark Bayerischer Wald: Nirgendwo sonst in Deutschland existiert ein vergleichbares Waldökosystem.

haushalt eingegriffen. Doch weit gefehlt anzunehmen, der Nationalpark bestünde ausschließlich aus Wald: Auch Moore, Wiesen, Weiher, Bäche und Tümpel gehören dazu. Besonders eindrucksvoll sind die Hochmoore Klosterfilz und Großer Filz. Mit ihrer großen Artenvielfalt gehören sie wie alle Hochmoore zu den bedrohtesten Lebensräumen in Europa. Wer seltene Tiere gerne in ihrem natürlichen Lebensraum beobachtet, findet dazu im Tierfreigelände reichlich Gelegenheit.

Hotels/andere Unterkünfte

Bierhütte M M ■ C 21, S. 118
Die an einem kleinen See gelegene Waldglashütte aus dem 15. Jh. beherbergt seit über zwei Jahrzehnten ein Romantikhotel mit ausgezeichnetem Restaurant im rustikalen Stil. Mit viel Liebe und Sachverstand entstand hier einer der vorzüglichsten Restaurationsbetriebe des Bayerischen Waldes. Träumen lässt es sich am besten auf der Sonnenterrasse am Teich.
94545 Hohenau; Bierhütte 10; Tel. 0 85 58/9 61 20, Fax 96 12 70; www.bierhuette.de; 85 Betten ★ ★ ★ AmEx DINERS EURO VISA

Pension Maria Matschina
■ BC 12, S. 112
Gemütliches Haus mit Forellenteich und Schwimmbecken.
Spiegelau-Klingenbrunn, Kirchdorfer Str. 20; Tel. 0 85 53/4 21; 9 Betten ★

Sehenswertes

Tierfreigelände im Nationalpark Bayerischer Wald ■ D 12, S. 113
Als Ausgangspunkt für diese Rundwanderung empfiehlt sich das Hans-Eisenmann-Haus. Ein gut ausgeschilderter Weg führt durch das 200 ha große Tierfreigelände im Kerngebiet des Nationalparks Bayerischer Wald. In 20 weitläufigen Landschaftsgehegen lassen sich Tiere beobachten, die heute noch im dichten Natur-

wald leben oder einst dort zu Hause waren, wie etwa Wölfe und Braunbären. Sie alle leben in Gehegen, die ihre natürlichen Lebensgewohnheiten nur geringfügig einschränken. So kann es vorkommen, dass sich weder Luchs noch Bär zeigen, weil sie gerade ihren Mittagsschlaf halten. Für den 7 km langen Rundweg sind etwa drei bis vier Stunden einzuplanen. Abkürzungsmöglichkeiten sind vorhanden. Parkgebühr 1 € pro Stunde

Museen

Freilichtmuseum Finsterau 👫

■ D 12, S. 113

In Finsterau unterhalb des Lusen entstand in den letzten Jahren eine schöne Anlage, die für den Hinteren Bayerischen Wald typische Hofformen und Gebrauchsgegenstände zeigt. Vom Kleinbauernanwesen bis zum stattlichen Großbauernhof wurden alle Bauten vollständig eingerichtet. Außerdem sind in dem Museumsdorf eine Nagelschmiede, ein einst als Alterssitz dienendes »Austragshäusl« und ein Wirtshaus, dessen obere Etage Wechselausstellungen beherbergt, wieder aufgebaut worden. Mitten im Gelände befindet sich ein Spielplatz. 25. Dez.–April tgl. 11–16, Mai–Sept. 9–18 bzw. Okt. 9–16 Uhr, 1. Nov.–24. Dez. Mo geschl.; Eintritt 2,50 €

Hans-Eisenmann-Haus 👫

■ D 12, S. 113

Das Informationszentrum bietet eine multimediale Einführung in den Naturraum Nationalpark. Unter einem Dach sind eine Tonbildschau, Dauerausstellungen zu verschiedenen Themenkomplexen sowie ein Erlebnisraum mit Tastboxen und Arbeitskästen vereint, die dem Besucher die Bedeutung des Ökosystems Wald und die Philosophie des Nationalparks näherbringen. In der umfangreichen Besucherbibliothek kann man sich Bestimmungsbücher zur

Erkundung des Pflanzen-Freigeländes (Rundweg 1 km, für Rollstühle geeignet) ausleihen. Zudem erhalten die Besucher viele gute Tipps und Hinweise, wie sie ihren Urlaub im Nationalpark optimal gestalten können. Neuschönau, Böhmstr. 35; Tel. 0 85 58/ 9 61 50; tgl. 9–17 Uhr, Nov.–Mitte Dez. geschl.; Eintritt frei

Waldgeschichtliches Museum

■ C 12, S. 112

Informative historische Darstellung des Landschaftsraumes Bayerischer Wald und seiner Bewohner. Im Erdgeschoss Wechselausstellungen. St. Oswald, Klosterallee 4; tgl. 9–17, Glasmachervorführungen jeden Di, Do, Sa und So von 13–16 Uhr; Eintritt 4 DM

Einkaufen

Glashütten Ⓜ

■ C 12, S. 112

In der Riedlhütte und der Glashütte von Spiegelau kann man die kunstvolle Glasproduktion live miterleben. Führungen Mo–Fr 9, 9.30, 10.30, 11.15 und 12.30 sowie Sa 9.30, 10, 10.30 und 11 Uhr

Service

Auskunft

Nationalparkverwaltung

■ B 21, S. 118

Freyunger Str. 2, 94481 Grafenau; Tel. 0 85 52/9 60 00

Nationalpark Bayerischer Wald

■ D 12, S. 113

Hans-Eisenmann-Haus, Böhmstr. 35, 94556 Neuschönau; Tel. 0 85 58/9 61 50

Waldspielgelände 👫 ■ C 12, S. 112

Nördlich von Spiegelau können Familien mit ihren Kindern und andere Wissensdurstige auf dem Waldspielgelände mit Naturmaterialien spielen, den Wald auf einem kurzen Rundweg kennen lernen und sich in der »Waldschule« selbst informieren.

Ziele in der Umgebung

Bärnsteiner Leite

■ B 21, S. 118

Westlich von Grafenau rauscht die Kleine Ohe unterhalb der Ruine der anno 1742 von den Panduren zerstörten Burg Bärnstein (Privatbesitz) durch eine romantische Felsenschlucht.

Grafenau

■ B 21, S. 118

9000 Einwohner

Der Luftkurort ist die Haupteingangspforte zum Nationalpark Bayerischer Wald – Tourismus wird daher groß geschrieben. Durch die Lage am Goldenen Steig war Grafenau lange Zeit eine wichtige Station auf dem Weg nach Böhmen. Die Erinnerung daran wird beim alljährlich im August stattfindenden Salzsäumerfest wach gehalten. Ein buntes Markttreiben erfüllt dann die steil ansteigenden, kastanienbestandenen Marktplatz mit dem Säumerbrunnen. Das schönste Gebäude des Platzes ist das neugotische ehemalige Rathaus.

Freunde des Schnupftabaks sollten sich in der Perlesreuter Schnupftabakfabrik oder im heimischen Schnupftabakmuseum umsehen.

Hotels/andere Unterkünfte

Steigenberger Avance Sonnenhof
Hoch über Grafenau bietet der Sonnenhof viel Komfort und zahlreiche Sportmöglichkeiten.
Sonnenstr. 12; Tel. 0 85 52/44 80, Fax 46 80; 300 Betten ★ ★ ★ AmEx DINERS EURO VISA

Museen

Bauernmöbelmuseum
Im Kurpark von Grafenau haben Schränke und Truhen aus dem ganzen Bayerischen Wald in zwei wiederaufgebauten alten Bauernhäusern mit Troadkasten und Remise ein passendes Domizil gefunden.
Parkweg 6; 20. Dez.–Ende Okt. tgl. 14–17 Uhr; Eintritt 1,25 €

Im Freilichtmuseum Finsterau ist die Liebe zum Detail offensichtlich.

Stadtmuseum

Im ehemaligen Spitalgebäude sind das Stadtmuseum mit der historischen Landgerichtsapotheke und ein alter Kramerladen untergebracht; angeschlossen ist das **Schnupftabakmuseum**, wo sich alles um den »Schmai« dreht, wie die Waldler ihren geliebten Schnupftabak nennen. Spitalstr. 2; tgl. 14–17 Uhr (20. Dez.–Ende Okt.); Eintritt 1,25 €

Essen und Trinken

Säumerhof M

Die Küche des Feinschmeckerlokals wird zu Recht weit gerühmt. Es werden auch Zimmer vermietet. Steinberg 32; Tel. 0 85 52/40 89 90; Mo–Do mittags geschl. ★ ★ ★ ★
AmEx DINERS EURO VISA

Service

Auskunft

Verkehrsamt
Rathausgasse 1, 94481 Grafenau; Tel. 0 85 52/96 23 43, Fax 46 90; www.grafenau.de

Sommerrodelbahn
Aus Richtung Freyung kommend, gleich vor den Toren der Stadt.

Lusen
▪ D 12, S. 113

Das fast 1000 m hoch gelegene, kleine Bergdorf Waldhäuser ist der geeignete Ausgangspunkt zur Besteigung des Lusen. In eineinhalb Stunden kann man von hier aus den 1373 m hohen Gipfel erreichen; nur 400 m sind es noch bis zur tschechischen Grenze. Der Lusen zählt zu den geologisch interessantesten Bergen des Bayerischen Waldes.

Rachel
▪ C 11, S. 112

Der Rachel ist mit seinen 1453 m der zweithöchste Berg des Bayerischen Waldes. Knapp vier Stunden wandert man von Spiegelau zum Gipfel des Rachel, wobei man genauso viele Klimazonen durchquert wie von Südbayern nach Nordschweden. man kann auch mit dem Bus bis zum Wanderparkplatz Gfäll fahren – von dort sind es noch eineinhalb Stunden zum Gipfel (→ Routen und Touren, S. 96).

Rachelsee
▪ B 11, S. 112

Es gibt wohl kaum einen Bildband über den Bayerischen Wald, in dem das Bild der malerisch gelegenen Holzkapelle über dem Rachelsee fehlt. Er ist der einzige natürliche See unter den stehenden Gewässern des Gebirges. Aus Naturschutzgründen ist nur eine Uferseite zugänglich.

Schönberg
▪ B 21, S. 118
4800 Einwohner

Die Marktgemeinde trägt den Namen Schönberg nicht zu Unrecht: Ihre liebliche Lage in einem nach Süden geöffneten sonnigen Talkessel und die südländisch anmutende Architektur des Marktplatzes trugen Schönberg die Bezeichnung »Meran des Bayerischen Waldes« ein.

Spiegelau
▪ C 12, S. 112
4300 Einwohner

Der traditionsreiche Glasmacherort liegt romantisch inmitten tiefer Wälder am Fuße des Rachel und ist damit ein gut geeigneter Ausgangspunkt für Erkundungen des Nationalparks Bayerischer Wald. Das nördlich von Spiegelau gelegene **Waldspielgelände** und die von der Großen Ohe in Kaskaden durchbrauste Waldschlucht der **Steinklamm** sind beliebte Ausflugsziele.

Das »bayerische Venedig« liegt malerisch an Donau, Inn und Ilz. Schon Napoleon meinte, er habe in Deutschland keine schönere Stadt gesehen als Passau.

Passau

■ C 24, S. 118

50 000 Einwohner
Stadtplan → S. 53

Genau genommen kann Passau auf eine mehr als zweitausendjährige Stadtgeschichte zurückblicken, siedelten doch bereits die Kelten und Römer am Zusammenfluss der drei Ströme. Vielleicht wussten beide schon den einzigartigen landschaftlichen Reiz Passaus zu würdigen – wahrscheinlicher ist aber, dass die strategisch günstige Lage den Ausschlag gab. Ihren Reichtum verdankten die Stadt und ihre Bischöfe dem Salzhandel: Das »weiße Gold« war das wichtigste Passauer Gut im Handel mit Böhmen. Mit der Säkularisation endete 1803 die Herrschaft der Fürstbischöfe, Passau wurde Bayern zugeschlagen.

Das Leben und Treiben in den Gassen und Cafés der Stadt vermittelt ein österreichisches, geradezu südländisches Flair, woher auch die Bezeichnung »bayerisches Venedig« rührt. Dies kommt nicht von ungefähr, waren doch zahlreiche italienische Künstler und Baumeister in Passau tätig. Zudem galt die Stadt als geistiges Zentrum einer ausgedehnten Diözese, zu der weite Teile Südosteuropas gehörten. Barock war in Passau nicht nur eine fürstliche Mode, sondern Ausdruck einer gehobenen, sinnenfrohen Lebensart des Bürgertums. Die Umgestaltung der Stadt war notwendig geworden, weil verheerende Brände fast ganz Passau in Schutt und Asche gelegt hatten.

Seit jeher galt die Drei-Flüsse-Stadt als erzkonservative und erzkatholische Bastion im Freistaat Bayern – in den letzten beiden Jahrzehnten jedoch hat sich die Atmosphäre in Passau gewandelt, ist lockerer geworden. Die zahlreichen Studenten der 1978 gegründeten Universität haben entschieden dazu beigetragen. Unlängst geschah das Undenkbare: Ein »roter« Oberbürgermeister zog in das Rathaus ein! Auch auf dem kabarettistischen Sektor vereint Passau zwei Welten: Zum einen gibt es hier das berühmt-berüchtigte **Scharfrichterhaus**, Sigi Zimmerschieds Heimatbühne, zum anderen findet alljährlich der **Politische Aschermittwoch** der CSU statt.

Hotels/andere Unterkünfte

Pension Rößner ■ e 2
Familiäre Pension auf der Halbinsel, zwischen Donau und Inn.
Bräugasse 19; Tel. 08 51/9 31 3 50, Fax 9 31 35 55; 30 Betten ★★

Rotel Inn westlich ■ a 1
Besonders geeignet für alle, die mit Bus, Bahn, Fahrrad oder Boot reisen und günstig übernachten wollen. Die Front des Kabinenhotels wurde als 85 m lange Großplastik mit dem sinnigen Namen »Der Ruhende Mensch« gestaltet.
Donauufer; Tel. 08 51/9 51 60, Fax 9 51 61 00; 186 Betten; 31. Okt.–31. März geschl. ★

Schloss Ort M ■ f 2
In den Gemäuern eines alten Schlosses am Zusammenfluss von Donau,

Inn und Ilz nächtigt man recht stilvoll. Schöner Biergarten.
Im Ort 11; Tel. 08 51/3 40 72, Fax 3 18 17; 35 Betten ★ ★ ★ AmEx EURO

Wilder Mann ◼ d 2
Ein geschmackvoll restauriertes, altes Patrizierhaus mit angegliedertem Glasmuseum. Das sympathisch verwinkelte Hotel besitzt ein Gourmet-Restaurant mit Dachterrasse.
Am Rathausplatz; Tel. 08 51/3 50 71, Fax 3 17 12; 105 Betten ★ ★ ★ AmEx EURO VISA

Jugendherberge ◼ e 1
Zimmer mit Aussicht auf Passau.
Veste Oberhaus 125; Tel. 08 51/49 37 80

Spaziergang

Der **Kleine Exerzierplatz** eignet sich gut als Startpunkt für eine ausgedehnte Besichtigung der Stadt; der Bahnhof ist nicht fern und genügend Parkraum vorhanden. Neben zahlreichen Autos steht auf dem geräumigen Platz noch die **Nibelungenhalle**; dort wird alljährlich die »Passauer Frühjahrsmesse« abgehalten. Über einen hektischen und lauten Platz erreicht man die **Fußgängerzone**; sie erstreckt sich links und rechts der Ludwigstraße.

Durch den Paulusbogen hindurch, vorbei an der Stadtpfarrkirche St. Paul, ist das nächste Ziel der prachtvolle **Dom St. Stephan** mit dem weiten vorgelagerten **Domplatz**, gesäumt von den großen Domherrenhöfen. Schräg gegenüber dem Stephansdom steht das **Palais Lamberg** mit der wohl schönsten Barockfassade Passaus. Hier wurde 1552 der »Passauer Religionsfrieden« geschlossen. Kleiner, aber sicherlich genauso schön wie der Domplatz ist der **Residenzplatz** hinter dem spätgotischen Ostchor

Schönheit und Charakter: Passau ist ein städtebauliches Meisterwerk.

des Doms. Zwischen dem Domplatz und dem Dreiflusseck öffnet sich ein Gewirr von italienisch anmutenden Gassen mit holprigem Pflaster. In diesem Teil der Passauer Altstadt gibt es zahlreiche liebliche Straßenszenarien zu entdecken. Wer will, kann die barocke **Jesuitenkirche St. Michael** oder das **Rathaus** besuchen. Eine Hängebrücke über die Donau führt hinauf zur Veste **Oberhaus**. Der mühevolle Aufstieg wird durch eine fantastische Aussicht reichlich belohnt. Zurück zum Rathaus verkehrt auch ein Pendelbus. Es empfiehlt sich, den Streifzug durch Passau mit einem Bummel zum **Dreiflusseck** und weiter entlang der **Innpromenade** zum Ausgangspunkt zurück zu beenden.

Sehenswertes

Burgruine Hals nordwestlich ◼ e 1
Unweit vom Zentrum Passaus entfernt – zu Fuß in einer guten halben Stunde von der Veste Oberhaus zu erreichen – liegt auf einem Felsgrat über dem Tal der Ilz die mächtige Burgruine Hals, der einstige Stammsitz der Grafen von Hals. Die malerische Anlage stammt aus dem 12. Jh. Der gleichnamige Markt Hals ist heute ein Stadtteil von Passau. Der oberhalb gelegene Ilz-Stausee lässt sich in rund fünf Stunden bequem umrunden.

Dom ◼ c 2
Die eindrucksvolle Silhouette des Stephansdoms – er ist übrigens die Mutterkirche des Wiener Stephansdoms – bestimmt wesentlich das Stadtbild Passaus. Ein Brand, der im Jahre 1662 den gotischen Vorgängerbau bis auf den Ostchor vernichtet hatte, machte einen weitgehenden Neubau erforderlich, den Carlo Luragno entwarf und mit Battista Carlone und Carpoforo Tencalla zwei weitere Italiener ausschmückten. Das Innere des 101 m

langen Doms wird zu Recht als »größter hochbarocker Innenraum Süddeutschlands« gerühmt. Die Empore über dem Eingang wird von der mächtigsten **Kirchenorgel** der Welt eingenommen. Sie verfügt über fünf Werke mit 17 388 Pfeifen und 231 Register; erbaut wurde sie von G. F. Steinmayer in den Jahren 1924 bis 1928. Regelmäßig werden Orgelkonzerte gegeben (→ S. 56).

Kloster Mariahilf   südwestlich ■ d 3
Eine Wallfahrtsstiege führt jenseits des Inns hinauf zum Kapuzinerkloster Mariahilf, dem optischen Gegenpol zur Veste Oberhaus. Die Klosterkirche ist ein frühbarocker Bau mit originellen Laternenkuppeln an den Türmen. In der Sakristei wurde ein kleines **Wallfahrtsmuseum** eingerichtet.

Neue Residenz   ■ c 2
An einem der schönsten Plätze Süddeutschlands, der im Westen von dem gewaltigen spätgotischen Ostchor des Doms abgeschlossen wird, steht die Neue Residenz mit ihren beiden Prunkportalen. Die Heimstatt der Passauer Fürstbischöfe ist einer der letzten großen Schlossbauten des Barockzeitalters. Das traumhaft schöne Treppenhaus mit verschwenderischem Stuck und die äußerst kunstvoll angeordnete Abfolge der prunkvollen Repräsentationsräume künden vom einstigen Glanz der bischöflichen Macht.

Rathaus   ■ d 2
Das im Kern gotische Rathaus wurde mehrfach erweitert und umgebaut. Unnötig zu erwähnen, dass dieses steinerne Denkmal bürgerlichen Selbstbewusstseins den Bischöfen früherer Zeiten stets ein Dorn im Auge war … Der neugotische, 68 m hohe Turm wurde erst vor gut hundert Jahren errichtet, nachdem der alte wegen Baufälligkeit 1811 abgetragen werden musste. Die zahlreichen Hochwassermarken am Turm dokumentieren, dass Passau eine von steigenden Wasserfluten stets bedrohte Stadt ist.
Besichtigung des großen Rathaussaals Ostern–Okt. 10–16 Uhr; Eintritt 1,50 €

Stadttheater   ■ b 3/c 2
Von 1783 bis 1789 wurde dieses frühklassizistische Hoftheater errichtet, das als letztes Denkmal für die aufgeklärte Gesinnung der Bischofsstadt interpretiert werden kann. Heute dient es als Stadttheater.

St. Severin   südlich ■ b 3
Durch archäologische Grabungen wurde nachgewiesen, dass hier schon in der Spätantike ein Kirchenbau gestanden hatte. Später errichtete der heilige Severin daneben eine Betzelle, und im Mittelalter entstand der heutige Bau mit romanischem Langhaus und spätgotischem Altarraum.
Am Severinstor

Veste Niederhaus   ■ f 1
Die an der äußersten Landspitze zwischen Donau und Ilz erbaute Wasserburg (Privatbesitz) war als Ergänzung zur Veste Oberhaus gedacht und diente dem Schutz und der Kontrolle des Donauverkehrs. Beide Festungen sind seit 1435 durch einen doppelten Wehrgang miteinander verbunden.

Veste Oberhaus   ■ e 1
Mächtig thront die Festung auf einem Bergsporn zwischen Donau und Ilz. Oberhaus ist eine von Wehrmauern und Türmen umgebene Festungsanlage, die auf eine mehr als 750-jährige Geschichte zurückblicken kann. Die Anlage diente den Bischöfen allerdings weniger als Bollwerk gegen äußere Feinde, sondern eher zur Einschüchterung der Bürger …
    Vom Aussichtsturm hat man einen tollen Blick. Die Festung beherbergt ein Museum, eine Volkssternwarte sowie eine **Jugendherberge** (→ S. 51).

Passau

© MERIAN-Kartographie

300 m

Museen

Domschatz- und Diözesanmuseum
Durch den Dom hindurch gelangt man in die Schatzkammer des einstmals so bedeutsamen Bistums.
Mai–Okt. und in den Weihnachtsferien Mo–Sa 10–16 Uhr; Eintritt 1 €, ermäßigt 0,50 €

Glasmuseum im »Wilden Mann«
■ d 2
Eindrucksvolle, dicht gedrängte private Glassammlung mit rund 30 000 Exponaten aus 250 Jahren niederbayerischer, böhmischer und österreichischer Glaskunst. Angeschlossen ist eine Kochbuchsammlung.
Schrottgasse 2; tgl. 10–16, im Winter 13–16 Uhr; Eintritt 4 €, ermäßigt 2,50 €

Museum in der Veste Oberhaus
■ e 1
In der Festung ist eine interessante kulturgeschichtliche Sammlung untergebracht, die ausführlich über die Geschichte Passaus und des östlichen Grenzraumes informiert. In rund 50 Sälen und Trakten werden unter anderem Handwerke und Zünfte, Schifffahrt und Flößerei sowie der Salzhandel vorgestellt. Daneben birgt das Museum die einzige Sammlung Passauer Porzellans, das Niederbayerische Feuerwehrmuseum und eine Zweigstelle der Bayerischen Staatsgalerie.; Di–Fr 9–17, Sa und So 10–18 Uhr, im Feb. geschl.
Halbstündiger Pendelbusverkehr vom Rathaus (April–Okt.); Eintritt 4 €, ermäßigt 2,50 €

Römermuseum Kastell Boiotro
■ c 3
Neben archäologischen Funden zur römischen Geschichte Passaus und seiner Umgebung kann man die freigelegten Fundamente des Römerkastells bewundern.
Lederergasse 43; März–Nov. Di–So 10–12, 14–16, Juni–Aug. ab 13 Uhr; Eintritt 1 €

Stiftung Wörlen
■ e 2
Über drei Geschosse eines schönen Hauses in der Passauer Altstadt verteilt, zeigt das Museum für moderne Kunst seine beachtliche Sammlung. Daneben finden regelmäßig wechselnde internationale Ausstellungen statt. Wer moderne Kunst in Niederbayern sehen will, muss einfach hierher kommen.
Bräugasse 17; Di–So 10–18 Uhr; Eintritt 4 €

Essen und Trinken

Heilig-Geist-Stift-Schänke M
■ a 2
Urige Schenke mit über 600-jähriger Tradition. In den holzgetäfelten Räumen werden ausgesuchte süddeutsche Gerichte serviert, dazu kredenzt man Wein aus der Wachau.
Heiliggeistgasse 4; Tel. 08 51/26 07; Mi geschl. ★ ★ AmEx DINERS EURO VISA

Hoffraguer
■ c 2
Im nüchternen Interieur werden jeden Abend alles andere als alltägliche Gerichte serviert.
Große Messergasse 8; Tel. 08 51/3 31 50 ★ ★

Marco's Pasta-Bar & Restaurant
■ c 2
Italienische Düfte durchziehen die kleine, unweit des Doms gelegene Gasse. Zahlreiche leckere Pasta-Variationen werden aufgeboten, darunter so ungewöhnliche Kreationen wie Penne mit Feigen, werden täglich frisch zubereitet.
Luragogasse 1; Tel. 08 51/9 34 62 36; Mo geschl. ★ ★

Peschl-Terrasse
Die schmackhafte Lammkeule mit Kartoffelgratin ist ein Beispiel für die anspruchsvolle regionale Küche. Von der Terrasse kann man die Schiffe auf der Donau vorüberziehen sehen. In der Fastenzeit gibt es hauseigenes Starkbier.
Roßtränke 4; Tel. 08 51/24 89; Mo geschl. ★ ★ AmEx DINERS EURO VISA

Einkaufen

Bedingt durch den ansteigenden Donautourismus hat auch der Fremdenverkehr in Passau zugenommen. Dies merken neben den Gastronomen vor allem die Kaufleute: Selbst wenn sich die Kreuzfahrtpassagiere nur kurze Zeit in Passau aufhalten, so achten sie doch recht wenig auf ihren Geldbeutel. Die **Fußgängerzone** ist von der Schiffsanlegestelle in wenigen Minuten zu erreichen, sie erstreckt sich rund um die Ludwigstraße. Zahlreiche Galerien und Andenkenläden sind über die Altstadt verteilt. Dienstags und freitags findet am Domplatz von 7 bis 12 Uhr ein **Wochenmarkt** statt.

⊘ MERIAN-Tipp

Scharfrichterhaus in Passau Das Scharfrichterhaus ist seit über 20 Jahren eine Institution, die aus der Stadt genauso wenig wegzudenken ist wie der Stephansdom. Alljährlich im Herbst finden hier die Deutschen Kabarett-Tage statt; doch auch in der übrigen Zeit lohnt der Besuch, denn zwischen Kabarett und Theater, Chanson und Jazz, Kunst und Kino findet jeder etwas nach seinem Geschmack. Apropos: Eine Kneipe gibt's natürlich auch. Auf keinen Fall entgehen lassen sollte man sich einen Auftritt des Kabarettisten Sigi Zimmerschied in seiner Heimatstadt Passau. Milchgasse 2; Tel. 08 51/3 59 00; www.scharfrichter-haus.de.

◼ d 2

Am Abend

Diskotheken

Passaus Nachtleben ist nicht ohne, denn die neuesten Trends kommen recht schnell auch in die Bischofsstadt. Für Tanzwütige ist unter den folgenden Diskos sicher etwas dabei:

Camera ◼ a 2
Eine stabile Adresse im Passauer Nachtleben.
Am Ludwigsplatz

Palazzi westlich ◼ a 3
Umgebaute Fabrikhalle.
Industriestr. 14

441 westlich ◼ a 1
In der Halle des ehemaligen Bahnhofsrestaurants.
Bahnhofstr. 29, Eingang Gleis 1; So–Di geschl.

Kino

Cineasten haben die Auswahl unter folgenden Filmpalästen: **Metropolis** (drei Kinos), **Promenade-Lichtspiele** (drei Kinos), **Scharfrichter-Kino**, **Capitol** und **Film-Studio-Passau**.

Stadttheater Passau ◼ b 3/c 2
Gottfried-Schäffer-Str. 2; Tel. 08 51/26 35

Service

Auskunft

Tourist-Information ◼ d 2
Rathausplatz 3, 94032 Passau; Tel. 08 51/95 59 80, Fax 3 51 07; www.passau.de

Drei-Flüsse-Rundfahrt ◼ d 1
Von März bis Anfang November haben Sie täglich von 10 bis 17 Uhr mehrfach die Gelegenheit zu einer Stadtrundfahrt mit dem Schiff. Dabei ergeben sich herrliche Ausblicke auf die Drei-Flüsse-Stadt.

Abfahrt am Rathausplatz, Anlegestelle 7 und 8; Fahrtdauer 45 Minuten; Fahrpreis 6 €, ermäßigt 3 €

Freibad Bschütt   nördlich ■ f 1
Zentrumsnah, schön unterhalb der Veste Oberhaus gelegen.

Kinderspielplatz   ■ f 2
Am Dreiflusseck sowie am Innkai unterhalb des Doms wurden zwei großzügige Spielplätze angelegt.

Orgelkonzerte   ■ c 2
Die größte Kirchenorgel der Welt im Stephansdom sollte man unbedingt einmal gehört haben. Orgelkonzerte finden von Mai bis Oktober sowie in den Weihnachtsferien werktags von 12 bis 12.30 Uhr statt. Jeden Donnerstag um 19.30 Uhr gibt es ein Sonderkonzert.
Eintritt 2 €, Kinder 1 € bzw. 5 € (Sonderkonzert)

Stadtführung   ■ c 2
Ein einstündiger Rundgang beginnt von April bis Oktober täglich um 14.30 Uhr (werktags auch 10.30 Uhr) vor dem Königsdenkmal am Domplatz.
Teilnahmegebühr 2,50 €

Ziele in der Umgebung

Aicha vorm Wald
■ A 23, S. 118

Das Pfarrdorf Aicha vorm Wald erstreckt sich entlang eines Talhangs über der Großen Ohe. Schon zu Beginn des 14. Jh. ist ein Schloss in Aicha bezeugt. Das heutige **Renaissanceschloss**, eine im Verfall begriffene Wasserburg, weist einen reizvollen Arkadenhof auf, umgeben von einem dreigeschossigen Laubengang aus der Zeit um 1600. Jüngere Leute kommen aber nicht wegen des Schlosses, sondern um der 4000 Personen fassenden futuristischen **Diskothek Vulcano** einen Besuch abzustatten.

Breitenberg   ■ F 22, S. 119

Das weit verstreute Pfarrdorf Breitenberg gilt als Zentrum der so genannten »Neuen Welt« zwischen Wegscheid und Dreisessel im Bayerischen Wald. Der Name rührt von der relativ späten, planmäßigen Besiedlung durch die Passauer Fürstbischöfe zu Beginn des 18. Jh. her.

Museen

Webereimuseum 👫
Die Leinweberei ist eines der ältesten Gewerbe im südlichen Bayerischen Wald. Die anschauliche Dauerausstellung in einem alten Bauernhaus dokumentiert den mühevollen Prozess der Leinweberei und des Stoffdrucks. Regelmäßig wird hier noch an Spinnrad oder Webstuhl gearbeitet. Gegenbachstr. 50; Mai–Sept. tgl. 14–16.30 Uhr, im April und Okt. nur Mi, Sa und So; Eintritt 1 €

Hauzenberg   ■ DE, S. 119
12000 Einwohner

Der von bewaldeten Granitbergen umgebene Erholungsort hat sich in den letzten Jahrzehnten zu einem Wirtschaftszentrum entwickelt. Im Vordergrund steht natürlich der Granitbruch, da der schöne blaue Naturstein hier besonders häufig vorkommt. Die Qualität des Granits wusste schon Ludwig I. zu schätzen, als er aus dem Hauzenberger Granit 20 Säulen für die Kelheimer Befreiungshalle brechen ließ. Die 6,70 m langen Säulen konnten jedoch wegen ihres Gewichts von jeweils 40 t nicht zur Donau transportiert werden. Eine der Granitsäulen, die **Säule des Königs**, steht heute im Pausenhof der Hauptschule von Hauzenberg. Der repräsentative **Barockbrunnen** auf dem Marktplatz, der eigentlich nicht so recht zu dem kleinen Städtchen passen will, ist der ehemalige Schlossbrunnen von Neuburg am Inn, der im 19. Jh. verkauft und hier aufgestellt wurde. Beim Bau der modernen Pfarrkirche St. Veit wurde die ältere Bausubstanz gut in den Neubau integriert; sie birgt einen schön gearbeiteten spätgotischen Flügelaltar.

Sehenswertes

Graphitbergwerk Kropfmühl 🚶‍♀️🚶
Bis zur vierten Sohle, 45 m tief, können Besucher in das einzige Graphitbergwerk Westeuropas einfahren. Dort können bergmännische Arbeitsplätze und Abbaumaschinen besichtigt werden. Ein Bergwerkmuseum und Filmvorführungen über die Graphitaufbereitung runden den Besuch ab.
Tgl. außer Mo 9.30–16 Uhr, 1. Nov. bis 11. Dez. geschl.; Eintritt 3,50 €

Museen

Schnapsmuseum
Kleine Geschichte der Schwarzbrennerei, Filmvorführungen und historische Geräte zur Schnapsherstellung. Im Probierstüberl werden Schnapsproben (z. B. Bärwurz) ausgeschenkt.
Industriestr. 18; Mai–Sept. Mo–Fr 9–18 und Sa 9–12, sonst Mo–Fr 9–17, Sa 9–11 Uhr; Eintritt frei

Essen und Trinken

Gut Lichtenau 🅼
Der Berggasthof mit Pension ist landschaftlich besonders reizvoll gelegen. Vom geräumigen Biergarten bietet sich ein herrliches Panorama. Um zum Gut Lichtenau zu gelangen, muss man von der Straße zwischen Hauzenberg und Holzfreyung nach 4 km links abbiegen.
Tel. o 85 86/12 13; Mo geschl. ★★

Obernzell ■ E 24, S. 119
3400 Einwohner

Ein knapp einstündiger Schiffsausflug nach Obernzell bietet sich von Passau aus geradezu an. Der traditionsreiche Markt an der Donau war jahrhundertelang eine beliebte Residenz der Passauer Fürstbischöfe, die sich hier ein **Wasserschloss** erbauen ließen. Obernzell war – bedingt durch den Kaolinreichtum des Hinterlandes – einst ein blühendes Hafnereizentrum, die Erinnerung daran wird im **Keramikmuseum** wach gehalten. Die bunte Folge stattlicher Bürgerhäuser am lang gestreckten Marktplatz beweist, dass Wohlstand für die Obernzeller kein Fremdwort war. Romantisch sind die engen, teils von Schwibbögen überspannten Gassen, die Donaupromenade lädt zum Entspannen ein. Ein Kleinod stellt der renovierte **Bahnhof** dar. Er ist Deutschlands einziger erhaltener Holzbahnhof.

Museen

Keramikmuseum
Das große, aber recht schmucklose Obernzeller Schloss beherbergt heute eine interessante Keramikausstellung mit Stücken von der Jungsteinzeit bis in die Gegenwart: aus heimischem Granit hergestelltes Schwarzgeschirr, Irdenware, Fayencen, Porzellan, Steingut und Steinzeug. Thematisch ist das Museum – eine Zweigstelle des Bayerischen Nationalmuseums – in 21 Ausstellungsbereiche gegliedert.
Schloßplatz 2; April–Okt. tgl. außer Mo 10–17 Uhr; Eintritt 1,50 €

Rannasee 👫 ■ F 24, S. 119

Der südlich von Wegscheid gelegene, künstlich aufgestaute Rannasee ist der größte Badesee dieser Ferienregion. Im Sommer ist er das Ziel zahlreicher Erholung suchender Wasserfreunde. Neben Tretbootfahren und Surfen gibt es die Möglichkeit, eine 120 m lange Riesenrutsche hinunterzusausen. Außerdem sind noch ein Abenteuerspielplatz und ein Tiergehege mit Mufflons und Zwergziegen vorhanden.

Vilshofen ■ F 20, S. 119

15 000 Einwohner

Am Zusammenfluss von Donau, Vils und Wolfach kann man in Vilshofen gewissermaßen die kleine Schwester der »Drei-Flüsse-Stadt« Passau sehen. Gut 20 km sind die beiden Städte voneinander entfernt. Neben Regensburg, Straubing, Deggendorf und Passau ist Vilshofen ein weiterer Beweis dafür, dass die Donau neben Wasser auch stets ein gehöriges Maß an Kultur befördert.

Durch den **Renaissance-Stadtturm** – einen letzten Rest der Stadtbefestigung – gelangt man in die malerische Altstadt mit ihren größtenteils klassizistischen Bürgerhäusern, die in inntaltypischer Bauweise Blendfassaden und Laubengänge aufweisen. Sehenswert sind der lang gestreckte elegante **Marktplatz** und die gotische **Pfarrkirche St. Johannes**, deren Inneres nach einem Brand barockisiert wurde.

Bundesweit bekannt ist Vilshofen durch den – aus Wirtshausgesprächen bei Vieh- und Bauernmärkten in der Nachkriegszeit entstandenen – **Politischen Aschermittwoch**. Allerdings hat dieser 1980 an Attraktivität und politischer Brisanz verloren, als die CSU ihre Großkundgebung nach Passau verlegte.

Museen

Schwarz-Afrika-Museum

Das hoch über Vilshofen gelegene Kloster Schweiklberg bildet Benediktinermissionare aus. So erklärt sich auch das Museum mit Kulturgegenständen, Schmuck und Prunkwaffen vom afrikanischen Kontinent.
Kloster Schweiklberg; Führungen tgl. außer So 10–15 Uhr

Essen und Trinken

Wolferstetter Keller

Am Geburtsort des Politischen Aschermittwochs isst man preiswert und gut.
Bürg 26; Tel. 0 85 41/51 65; Mi geschl. ★★

Service

Auskunft

Touristik-Information
Stadtplatz 29, 94474 Vilshofen; Tel. 0 85 41/2 08 16, Fax 2 08 43; www.vilshofen.de

Wegscheid ■ F 23, S. 119

5700 Einwohner

Ähnlich wie Breitenberg war der kleine Marktflecken Wegscheid lange Zeit ein Zentrum der Leinweberei. Durch mehrere Brände hat der auf einem Ostabhang des Ponzau-Berges gelegene Ort sehr gelitten. Das Zollmuseum erinnert an jene Tage, als die Grenze zu Österreich noch nicht so unproblematisch wie heute zu überqueren war.

Wildenranna ■ F 23–24, S. 119

Das alte Straßendorf gehört zweifellos zu den schönsten Orten des Bayerischen Waldes. Wie an einer Perlschnur sind die Bauernhöfe entlang der Dorfstraße aufgereiht. Mehrfach wurde Wildenranna bei dem Wettbewerb »Unser Dorf soll schöner werden« ausgezeichnet.

Regen am Regen, welch ein Name!

Beherrscht wird die malerische Stadt am Ufer des namensgebenden Flusses vom mächtigen Turm ihrer Pfarrkirche.

Regen

■ E 17, S. 117

12 000 Einwohner

Über den Schwarzen Regen führt eine kühn geschwungene Brücke. In ihrer Mitte steht schier unverwüstlich der heilige Nepomuk; ihn ließen – im Gegensatz zum Marktflecken – zahlreiche Brände und Kriegsverwüstungen unversehrt. Die Gassen der Altstadt münden irgendwann einmal in den geräumigen trapezförmigen **Stadtplatz,** der reizvoll von alten flachgiebeligen Bürgerhäusern umgeben ist. Wie so oft in Bayern steht eine **Mariensäule,** um die später ein Brunnen gebaut worden ist, mitten auf dem Platz. Im Gegensatz zu vielen anderen Städten und Marktflecken des Bayerischen Waldes begegnet man in Regen einem noch weitgehend historischen Ortsgefüge. Gelungen ist die Anlage des modernen **Kurparks** mit einem Konzertpavillon, Kinderspielplatz sowie einem überaus ansprechenden **Skulpturenweg,** der von einheimischen Künstlern gestaltet wurde. Hoch her geht es alljährlich Ende Juli. Dann nämlich feiert Regen fünf Tage lang sein **Pichelsteiner-Fest** mit Wasserspielen, nächtlichen Gondelfahrten und einem Festzug.

Hotels/andere Unterkünfte

Gasthof Wieshof
Der ansprechende Gasthof liegt etwas außerhalb des Stadtzentrums. Das rustikale, gemütliche Restaurant

Regen ist nicht nur bei Sonnenschein einen Besuch wert.

ist ebenfalls zu empfehlen.
Poschetsrieder Str. 2; Tel. 0 99 21/97 01 60,
Fax 9 70 16 97; 25 Betten ★ ★ EURO VISA

Pension Waldeck
Ruhige Lage am Waldrand mit kleinem Hallenbad.
Kerschlhöh 3; Tel. 0 99 21/30 04; 12 Betten
★ ★

Waldferiendorf Regen
Sieben verschiedene Haustypen mit
einer Wohnfläche bis zu 120 qm werden im Ortsteil Kattersdorf vermietet.
Manche Häuser besitzen einen Kachelofen, der selbst kalte Winterabende zu einem kuscheligen Erlebnis werden lässt.
Waldferiendorf, Haus Nr. 2; Tel. 0 99 21/
34 21, Fax 76 17; www.waldferiendorf-regen.de ★ ★

Sehenswertes

Stadtpfarrkirche St. Michael
Die Regener Stadtpfarrkirche weist
die markanteste Kirchensilhouette
des Waldgebirges auf. Der stadtbeherrschende Kirchturm mit seiner
kleinen durchbrochenen Zwiebelhaube war ursprünglich ein Wehrturm.
Der älteste Teil der Kirche ist der kleine romanische Nordturm. Im Inneren
beherbergt St. Michael bis auf einen
spätgotischen Triumphbogenchristus
und eine Marienstatue wenig Altertümliches.

Museen

Niederbayerisches Landwirtschaftsmuseum
Auf rund 2000 qm Ausstellungsfläche präsentiert das Museum eine
eindrucksvolle Darstellung über die
Entwicklung der niederbayerischen
Landwirtschaft seit dem späten
18. Jh. Hierzu gehören die Auswirkungen der landwirtschaftlichen Mechanisierung genauso wie die sozialen Veränderungen. Technikliebha-

ber werden an den liebevoll restaurierten alten Dampfmaschinen und
Traktoren ihre helle Freude haben.
Eine umfangreiche Besuchervideothek und Sonderausstellungen vervollständigen das Museumskonzept.
Schulgasse 2; Tel. 0 99 21/57 10; tgl. 10–17
Uhr; Eintritt 2 €

Essen und Trinken

Brauereigasthof Falter
Gemütlicher Gasthof mit langer Tradition. Der Blick auf die Karte ist ein
Spaziergang durch die bayerische
Schmankerlküche.
Am Sand 14; Tel. 0 99 21/9 42 30, Fax 86 55;
45 Betten; Restaurant Do geschl. ★ ★
DINERS EURO VISA

Restaurant Am Rathaus
Von der Terrasse genießt man einen
schönen Blick auf Marktplatz und
Kirche. Serviert wird einfache, bodenständige Kost.
Stadtplatz 3; Tel. 0 99 21/22 20; Mi geschl.
★

Service

Auskunft

Tourist-Information
Schulgasse 2, 94209 Regen; Tel. 0 99 21/
29 29, Fax 6 04 33; www.regen.de

Eisstadion
Poschetsrieder Str. 45; Tel. 0 99 21/45 61

Freibad
Städtisches Freibad mit Sprungturm.
Badstraße

Reiten
Der Reitclub Kattersdorf verfügt über
moderne Reitsportanlagen (Reithallen)
Tel. 0 99 21/33 97

Tennis
Tennishalle Regen, Osserstr. 3; Tel. 0 99 21/
8 03 70

Ziele in der Umgebung

Bischofsmais ■ E 17, S. 117
1500 Einwohner

Der attraktive Erholungsort, im 11. Jh. als Rodungssiedlung der Passauer Bischöfe entstanden, ist als Wintersportplatz und Sommerfrische gleichermaßen beliebt. Direkt vor der Haustür liegt um Geiskopf (1097 m) und Einödriegel (1121 m) das Wandergebiet **Oberbreitenau**. Mit Funpark, Halfpipe und Snowboardschule ist man am Geißkopf bestens für die Wünsche der jugendlichen Gäste gerüstet. Eine moderne Beschneiungsanlage garantiert zudem eine gewisse Unabhängigkeit von den Wetterverhältnissen. Auch die Schlittenfans kommen übrigens voll auf ihre Kosten: Bischofsmais besitzt die mit 2000 m längste Naturrodelbahn der Bundesrepublik!

Hotels/andere Unterkünfte

Waldferiendorf Dürrwies
→ MERIAN-Tipp S. 14

Service

Auskunft

Verkehrsamt
Postfach 47, 94253 Bischofsmais;
Tel. 0 99 20/94 04 44, Fax 94 04 40

Burgruine Weißenstein
■ E 17, S. 117

Würdevoll thront die Burgruine Weißenstein – sie wurde im Dreißigjährigen Krieg zerstört – auf einem schmalen Quarzfelsen des Pfahlgebirges, das in dieser Gegend besonders deutlich zu Tage tritt. In dem turmartigen ehemaligen Getreidekasten (»Fressendes Haus«) wohnte jahrzehntelang der baltische Dichter Siegfried von Vegesack. Heute ist in den Räumlichkeiten das **Siegfried-von-Vegesack-Museum** und eine **Schnupftabakglassammlung** mit 1300 Exponaten beheimatet (Ende Mai–Mitte Sept. tgl. 10–12 und 13–17 Uhr; Eintritt 1,50 €).

Gotteszell ■ CD 17, S. 116/117
1270 Einwohner

Gotteszell, die Endstation der Regentalbahn, ist ein kleines Pfarrdorf im Teisnachtal. Zisterziensermönche aus Aldersbach hatten sich 1285 am Kalvarienberg niedergelassen. Die ehemalige **Klosterkirche** der Abtei, eine frühgotische dreischiffige Basilika ohne Querschiff, wurde von den Asam-Brüdern prachtvoll barockisiert; allerdings ist davon nur noch wenig, darunter Mariens Himmelfahrt in der Hauptapsis, erhalten. Rund um die Kirche lässt sich noch der alte Klosterbezirk ausmachen.

Einen Blick sollten Sie in das »Kaufhaus Dostler« werfen – solche Tante-Emma-Läden gibt es bestimmt nicht mehr lange.

❗MERIAN-Tipp

Sankt Hermann In einem einsamen Seitental, unweit von Bischofsmais, liegt diese Wallfahrtsstätte. Zusammen mit der hölzernen Einsiedeleikapelle, der runden Brunnenkapelle und der eigentlichen Wallfahrtskapelle bildet das mit Schindeln bedeckte Ensemble aus dem 17. Jahrhundert ein besonders pittoreskes Szenarium. Neben der Kapelle stehen mehrere – teilweise schon recht verwitterte – Totenbretter. Die Hermannswallfahrt zählt übrigens zu den ältesten des Bayerischen Waldes. ■ D 17, S. 117

Sie ist sehr lebendig geblieben, die Donaustadt, obwohl man hier auf Schritt und Tritt der Vergangenheit begegnet – und das macht Regensburg so reizvoll.

Regensburg

■ AB 13–14, S. 114

142 700 Einwohner
Stadtplan → Klappe hinten

Regensburg ist bis heute seinen römischen Wurzeln treu geblieben: Der rechteckige Grundriss des Römerlagers »Castra Regina« bestimmt das Straßengefüge und den Umriss der Altstadt. Doch die Stadt Regensburg ist noch älter als das einstige Römerlager, worauf schon ihr ursprünglich keltischer, in den romanischen Sprachen lebendig gebliebener Name Ratisbona hinweist. Es gibt in Deutschland – von Augsburg und Köln abgesehen – keine weitere Stadt, die sowohl während des Römischen Reiches als auch im Mittelalter eine vergleichbare Bedeutung innehatte. Seine große Zeit erlebte Regensburg im 13. Jh., als die Stadt zum Mittelpunkt des europäischen Fernhandels wurde. In der frühen Neuzeit richteten sich die Augen des Heiligen Römischen Reiches Deutscher Nation beständig auf den »Immerwährenden Reichstag«, der eineinhalb Jahrhunderte in der Donaustadt tagte.

Geschichte, wohin der Blick fällt: Auch wenn Regensburg keine geistliche Stadt wie Passau ist, beherbergt sie in ihren Mauern doch zahlreiche faszinierende Kirchenbauten. Man sollte es daher bei einer Stadtbesichtigung nicht nur beim **Dombesuch** bewenden lassen. Da unzählige profane und sakrale Baudenkmäler aus dem Mittelalter den Zweiten Weltkrieg überstanden haben und bis heute erhalten geblieben

2000 Jahre und kein bisschen senil: Regensburg gehört zu den ältesten Städten Deutschlands – doch hinter der faszinierenden Kulisse pulsiert modernes geistig-kulturelles Leben.

sind, steht Regensburg der Titel der besterhaltenen mittelalterlichen Großstadt in Deutschland zu. Dies geschah natürlich nicht von selbst: Die Stadtväter haben sich in den letzten Jahren redlich um die Sanierung ihrer seit 1977 unter Denkmalschutz stehenden Altstadt bemüht.

Die oberpfälzische Metropole ist heute die viertgrößte Stadt in Bayern. Mit der Ansiedlung zahlreicher zukunftsträchtiger Industriebetriebe, dem größten bayerischen Hafen und einer erst 1964 gegründeten und sehr lebendigen **Universität** mit rund 25 000 Studenten wurden geschickt die Weichen ins nächste Jahrtausend gestellt.

Hotels/andere Unterkünfte

Altstadthotel Arch ■ c 2
Direkt an »Regensburgs guter Stube«, dem Haidplatz, gelegen. Schönes, stilvolles Patrizierhaus.
Haidplatz 4; Tel. 09 41/5 86 60, Fax 5 86 61 68; 120 Betten ★ ★ ★ AmEx DINERS EURO VISA

Bischofshof M ■ d 1
In dem einstigen bischöflichen Palais wohnten – neben den Bischöfen – schon Kaiser und Fürsten. Ein besonderer Clou ist das in die Porta Praetoria integrierte Römer-Apartment. Der Chefkoch versteht sein Handwerk: Schließlich schwang er jahrelang für den Fürsten von Thurn und Taxis den Kochlöffel. Der reizvolle Innenhof verwandelt sich im Sommer in einen beliebten Biergarten.
Krautermarkt 3; Tel. 09 41/5 84 60, Fax 58 46-146; 95 Betten ★ ★ ★ AmEx DINERS EURO VISA

Kaiserhof am Dom ■ d 2
Das Motto könnte lauten: »Schlafen im Schatten der Domtürme« ...
Kramgasse 10–12; Tel. 09 41/58 53 50, Fax 5 85 35 95; 56 Betten ★ ★ ★ AmEx DINERS EURO VISA

Orphee ■ c 2
Das kleine Hotel Garni ist ein charmantes Nachtquartier.
Wahlenstr. 1; Tel. 09 41/59 60 20, Fax 59 60 22 22; 19 Betten ★★

Am Peterstor ■ d 4
Die günstigste Möglichkeit, mitten in der Altstadt zu wohnen. Seitdem die Zimmer kürzlich vollkommen renoviert wurden, ist das Hotel um so mehr zu empfehlen.
Fröhliche-Türken-Str. 12; Tel. 09 41/5 45 45, Fax 5 45 42; 70 Betten ★★

Jugendherberge nordöstlich ■ f 1
Auf einer Donauinsel gelegen, wenige Gehminuten von der Innenstadt.
Wöhrdstr. 60; Tel. 09 41/5 74 02, Fax 5 24 11; 203 Betten; 15. Nov.–15. Jan. geschl. ★

Camping nordwestlich ■ a 1
Westlich der Altstadt am südlichen Donauufer ist Platz für Zelte und Wohnmobile.
Am Weinweg 40; Tel. 09 41/27 00 25, Fax 29 94 32

Spaziergang

Vom Bahnhof kommend müssen Sie auf der Maximilianstraße zuerst die Grünanlagen durchqueren, um nach 500 m rechter Hand das Parkhaus Dachauplatz zu erblicken. Hier empfiehlt sich eine Besichtigung – nicht des Parkhauses natürlich, sondern des mächtigen römischen Mauerwerks im Erdgeschoss desselben. Die schweren Quadersteine sind nämlich ein 56 m langes, im Jahr 1972 frei gelegtes Teilstück der **römischen Stadtmauer**, die Regensburg bis ins Mittelalter hinein umgeben hatte.

Nur wenige Schritte entfernt informiert das **Stadtmuseum** unter anderem darüber, wie die Römer ihre gewaltigen Mauerwerke errichteten. Dem nordöstlichen Mauerverlauf des Römerlagers folgend steht man alsbald vor der **Porta Praetoria**, dem ältesten Baudenkmal von Regensburg.

Der **Dom**, erhaben und prächtig, ist der geistige Mittelpunkt der Stadt. An seiner Südseite erstreckt sich der **Herzogshof**, in dem schon die bayerischen Herzöge residierten. Ein Schwibbogen führt hinüber zum 28 m hohen **Römerturm**. Er stammt allerdings nicht von den Römern, wurde jedoch im Mittelalter mit Steinen des römischen Kastells erbaut. An seiner Südseite ist noch ein in den Stein geritztes römisches Brettspiel auszumachen.

Um Regensburg in seiner ganzen Schönheit würdigen zu können, sollten Sie über die **Steinerne Brücke** zum nördlichen Donauufer gehen, wo sich der einst selbstständige Vorort Stadtamhof befindet. Auf dem Weg zurück zeigt Regensburg seine schönste Silhouette: Durch das Goliathviertel mit seinen Geschlechtertürmen geht es zum **Alten Rathaus**; hinter den aus drei Baukomplexen bestehenden Gemäuern tagte eineinhalb Jahrhunderte lang der »Immerwährende Reichstag«. Der dreieckige **Haidplatz** ist der wohl stimmungsvollste Platz der Stadt. Er wird dominiert von der Patrizierburg **Goldenes Kreuz** – hier wurde 1547 Don Juan d'Austria, der Held der Seeschlacht von Lepanto, geboren – und dem klassizistisch-strengen **Thon-Dittmer-Haus** mit seinem schönen Arkadenhof.

Über den Bismarckplatz mit dem klassizistischen **Präsidialpalais** und dem gegenüberliegenden **Stadttheater** gelangt man zur Schottenkirche **St. Jakob**, die durch ihr faszinierendes Nordportal besticht. Zum Abschluss des zwei- bis dreistündigen Stadtbummels bietet sich die Besichtigung zweier weiterer Kirchen an: die Dominikanerkirche **St. Blasius** und **St. Emmeram** mit dem angrenzenden **Schloss der Fürsten von Thurn und Taxis**.

Sehenswertes

Altstadt

Das historische Zentrum von Regensburg ist zugleich Fußgängerzone und Einkaufsstraße. Belebte Straßenzüge wechseln sich mit kleinen Gassen und stillen Winkeln ab, und immer wieder ragen die berühmten **Geschlechtertürme** aus dem Häusergewirr hervor: Nirgendwo sonst in Deutschland sind noch so viele der mittelalterlichen Türme – eindrucksvolle Zeugen für das repräsentative Machtgehabe der einflussreichen Patrizierfamilien – erhalten. Der neungeschossige **Goldene Turm** des Wallerhauses in der Wahlenstraße ist der höchste der zumeist zinnenbekrönten Geschlechtertürme. In einem anderen – in der Oberen Bachgasse gelegenen – Wohnturm lebte und starb der berühmte spätgotische Maler Albrecht Altdorfer.

Dom █ de 2

Was wäre Regensburg ohne seinen Dom? St. Peter ist das bedeutendste und imposanteste sakrale Bauwerk der Oberpfalz; mit ihm kam die französische Kathedralarchitektur nach Bayern. In der zweiten Hälfte des 13. Jh. wurde mit dem Neubau des gotischen Doms begonnen, der um 1525 vorläufig abgeschlossen wurde. Damals waren die Türme allerdings nur zweigeschossig; sie wurden erst in der Mitte des 19. Jh. vollendet. Unübersehbar sind die Schäden durch die hohe Luftverschmutzung, um deren Beseitigung sich die Dombauhütte seit Jahren bemüht. Wer fotografieren will, muss das berücksichtigen – aber ohne das Gerüst fehlt dem Dom etwas …

Die festliche Himmelspforte an der Westfront mit ihrer ausgefallenen dreieckigen **Baldachinvorhalle** beeindruckt durch ihren hochgotischen Figurenschmuck, während im Inneren die harmonischen Proportionen

des Langhauses mit den aufstrebenden Pfeilern und der schlank aufsteigende Chor mit seinem von Glasgemälden gebrochenen Licht auch ungewollt gefangen nehmen. Von dem quasi inmitten der Stadt residierenden Dom geht eine feierliche Stimmung aus. Der Chor wird von einem barocken Hochaltar ausgefüllt, links und rechts in den Nebenchören stehen zwei seltene gotische Baldachin-Altäre.

Durch den nördlichen Ausgang gelangt man in das angrenzende **Domschatzmuseum** (→ S. 68). Am besten nimmt man an einer Führung teil, denn nur im Rahmen einer solchen ist ein Besuch des **Domkreuzgangs** und der **Allerheiligenkapelle** möglich.

Domführungen Mai–Okt. werktags 10, 11 und 14, So 12 und 14 Uhr; Nov.–März werktags 11, So 12 Uhr; Gebühr 2,50 €

Dominikanerkirche St. Blasius █ b 3

Das schlichte und strenge äußere Erscheinungsbild der frühgotischen Dominikanerkirche ist ein Ausdruck des asketischen Ideals des Bettelordens. Ornamente und Schmuck wurden auf ein Mindestmaß reduziert. In dem Dominikanerkloster mit angegliedertem Kreuzgang hat Albertus Magnus, einer der bedeutendsten Denker des Mittelalters, zwischen 1236 und 1240 die philosophischen Disziplinen gelehrt.

Niedermünster █ e 2

Das Stift besteht schon seit der Zeit der Agilolfinger. Die hochromanische dreischiffige Basilika aus dem 12. Jh. wurde im Inneren dem barocken Zeitgeschmack angepasst. Die eigentliche Hauptattraktion des Niedermünsters sind die bei Ausgrabungen frei gelegten Fundamente römischer und frühmittelalterlicher Vorgängerbauten in der Unterkirche.

Führung nach vorheriger Anmeldung unter Tel. 09 41/5 97 10 02; Gebühr 25 €

Porta Praetoria ◼ de 1

Ein Tor für die Ewigkeit! Das Nordtor des Römerlagers wurde im Jahre 179 unter der Herrschaft von Kaiser Mark Aurel errichtet. Zusammen mit den Resten des östlichen Flankenturms ist das Tor – heute in den Bischofshof integriert– der zweitälteste römische Hochbau Deutschlands.

Steinerne Brücke ◼ d 1

Die von 1135 bis 1146 erbaute Brücke zählt zu den herausragendsten Leistungen mittelalterlicher Baukunst. Anerkennend soll Hans Sachs ausgerufen haben: »Der Brucken gleicht keine in Teutschland!« Beinahe 800 Jahre lang war die Steinerne Brücke die einzige Möglichkeit, die Donau bei Regensburg zu überqueren. Sie ist 308 m lang, 7 m breit und ruhte ursprünglich auf 16 Bögen. Von drei Tortürmen ist nur noch einer, das Brücktor, erhalten.

St. Emmeram ◼ c 4

Nicht nur weil St. Emmeram eines der ältesten Klöster Süddeutschlands ist, sondern vor allem wegen der üppigen spätbarocken Ausstattung lohnt die Kirche des 1803 aufgelösten Klosters einen Besuch.

Wie so oft in Südbayern waren auch hier die Meisterhände der Gebrüder Asam am Werk: Sie haben die dreischiffige Basilika mit prachtvollem Stuck und Gemälden ausgeschmückt. Zwei Treppen führen hinunter in die Wolfgangskrypta. Sehenswert sind auch die romanische Vorhalle und der benachbarte mittelalterliche **Kreuzgang**, der allerdings nur während einer Führung durch das Schloss besichtigt werden kann. Das weitläufige Geviert vermittelt einen Eindruck von der einstigen Bedeutung des Klosters.

Im Rahmen einer Führung gelangt man in die Grabkapelle und die Prunkräume des Schlosses, darunter auch in die prachtvoll ausgestatteten Ball- und Festsaal. Zudem wird ein Einblick in die – mit den Fürsten von Thurn und Taxis (»Reichserbgeneralpostmeister«) verbundenen – ersten Jahrhunderte deutscher Postgeschichte gegeben. Dieses **Schloss**, das aus den ursprünglichen Klostergebäuden hervorgegangen ist, wird seit 1812 von den Fürsten von Thurn und Taxis bewohnt. Ein Besuch des **Marstallmuseums** (→ S. 68) und des **Thurn- und Taxis-Museums** (→ S. 69) bietet sich ebenfalls an.

Schloss-Führungen April–Okt. tgl. 11, 14, 15, 16, am Wochenende auch 10 Uhr; Nov.–März nur wochenends; Eintritt 6 €, Kombikarte 8,50 € (inkl. Museum)

St. Jakob ◼ a 2

Um 1190 gründeten irische Benediktinermönche das Schottenkloster St. Jakob; kurz darauf errichteten sie die doppeltürmige, wuchtig-strenge Kirche mit ihrem faszinierenden, kunstgeschichtlich höchst interessanten Nordportal. Bis heute ist die Bedeutung des Figurenschmucks umstritten: eine verschlungene Welt von Pflanzen, Tieren und Dämonen. Die stark verwitterten Figuren waren einst farbig dargestellt und vergoldet. Im Inneren ist der romanische Geist unter der Kassettendecke von 1647 ebenfalls noch sehr lebendig, sogar der Bodenbelag stammt aus dem 12. Jh.

10

Museen

Altes Rathaus mit Reichstagsmuseum
◼ c 1

Hier wurde Reichsgeschichte geschrieben: Von 1663 bis zur Auflösung des Heiligen Römischen Reiches Deutscher Nation (1806) tagte hier der »Immerwährende Reichstag«. Man versammelte sich nach einer streng ausgetüftelten Sitzordnung unter der schweren Balkendecke des Reichssaals. Zu Beratungen zogen sich die Kurfürsten und Fürs-

Oben: Altstadtdomizil mit Römer-Suite – im Bischofshof finden verwöhnte Reisende stilvolle Unterkunft (→ S. 63).

Mitte: Die figurenreiche Außenfront des Doms lohnt den Blick aufs Detail.

Unten: Im Biergarten der berühmten »Wurstkuchl« schmecken die Bratwürste am besten (→ S. 69).

ten zurück. Eine sehr authentische Fragstatt (Folterkammer) im Untergeschoss gewährt Einblicke in die reichsstädtische Justiz.
Führungen tgl. 9.30–16, So 10–12 Uhr; Eintritt 5 DM, Kinder 2,50 DM

Diözesanmuseum St. Ulrich ■ e 2
In der frühgotischen Dompfarrkirche sind sakrale Skulpturen, Gemälde und Goldschmiedearbeiten aus der Zeit vom 11. bis zum 20. Jh. zusammengetragen worden. Besondere Beachtung verdient Albrecht Altdorfers um 1520 geschaffenes Tafelbild der »Schönen Maria«.
Domplatz 2; April–Okt. tgl. außer Mo 10–17 Uhr; Eintritt 1,50 €, ermäßigt 0,75 €

Domschatzmuseum ■ d 2
In sechs Räumen der ehemaligen Bischofsresidenz, die durch das Nordquerhaus des Domes zu erreichen sind, ist der Domschatz ausgestellt. Auf den Besucher warten funkelnde Kelche, kostbare Reliquien und golddurchwirkte Gewänder.
April–Okt. Di–Sa 10–17, So 12–17 Uhr; Dez.–März Fr und Sa 10–16, So 12–16 Uhr; Eintritt 1,50 €, ermäßigt 0,75 €

Historisches Museum ■ f 3
Das im ehemaligen Minoritenkloster St. Salvator untergebrachte Museum birgt in seinen über 100 Räumen neben Funden zur römischen Geschichte von Regensburg auch romanische und gotische Kunstwerke. Lobenswert ist die museumsdidaktische Ausstellungskonzeption. So erfährt man, wie das römische Legionslager »Castra Regina« errichtet wurde, wie sich das Leben eines Legionärs abspielte oder wie Albrecht Altdorfer, der »Meister von Regensburg«, gemalt hat. Außerdem werden Einblicke in die zeitgenössische Wohnkultur sowie das Zunft- und Münzwesen vermittelt. Sehr gelungen ist auch die Einbeziehung der historischen Klostergebäude.

Dachauplatz 2–4; tgl. außer Mo 10–16 Uhr; Eintritt 2 €, Verbundkarte für vier Museen 5 €

Kepler-Gedächtnishaus ■ c 1
Ein Museum mit besonderer Ausstrahlung. Es dokumentiert mit Originalinstrumenten und Modellen das Leben und Forschen des berühmten Astronomen und Mathematikers Johannes Kepler, der hier im November 1630 starb. Das Haus und die Wohnräume sind weitgehend im Originalzustand erhalten.
Keplerstr. 5; Führungen Di–Sa 10, 11, 14 und 15, So 10 und 11, im Sommer auch 14 und 15 Uhr; Eintritt 2 €

Marstallmuseum ■ b 4
Die einstige Reitschule birgt heute eine Sammlung mit prunkvollen Kutschen, Kaleschen und Schlitten.
Emmeramsplatz 5; April–Okt. Mo–Fr 11, 14, 15, 16, Sa und So auch 10 Uhr; Nov.–März Führungen um 10, 11, 14 und 15 Uhr; Eintritt 4 € (mit Thurn- und Taxis-Museum)

Naturkundemuseum
nordwestlich ■ a 1
Allerlei Informatives über die Erdgeschichte Ostbayerns, dessen Landschaften und Lebensräume.
Am Prebrunntor 4; Di–Fr 9–16, Sa 10–17 Uhr; Eintritt 3 €, Kinder 1,50 €

Ostdeutsche Galerie
nordwestlich ■ a 2
Das stadtparknahe Museum zeigt seit 1970 Malerei, Grafiken und Plastiken des 19. und 20. Jh. von Künstlern, die aus den einstigen deutschen Ostgebieten sowie Osteuropa stammen, darunter auch Werke von Oskar Kokoschka und Lovis Corinth. Dem Expressionistensaal mit Werken von Karl Schmidt-Rottluff und Max Pechstein gebührt ebenfalls Aufmerksamkeit.
Dr.-Johann-Maier-Str. 5; tgl. außer Mo 10–16 Uhr; Eintritt 3 €, ermäßigt 1,50 €

Schifffahrtsmuseum ■ f 1
In einem historischen Zugraddampfer wurden Exponate zur Geschichte der Schifffahrt im altbayerischen Raum zusammengetragen.
Werftstr.; April–Okt. tgl. 10–17 Uhr; Eintritt 2 €, ermäßigt 1 €

Städtische Galerie »Leerer Beutel«
■ f 3
In dem einstigen städtischen Getreidekasten ist eine Sammlung ostbayerischer Kunst und deutscher Malerei des 19. Jh. untergebracht. Daneben finden ständig Wechselausstellungen moderner Kunst statt.
Bertoldstr. 9; tgl. außer Mo 10–16 Uhr; Eintritt 2 €, ermäßigt 1 €

Thurn- und Taxis-Museum ■ b 4
Das Zweigmuseum des Bayerischen Nationalmuseums gibt einen Einblick in die Geschichte eines zur Repräsentation verpflichteten Adelsgeschlechts. Zu bewundern sind mehr als 2200 Exponate, darunter Möbel, edle Porzellanservice, Jagdwaffen und Goldtabatieren.
Emmeramsplatz 6; Mo–Fr 11–17, Sa und So 10–17 Uhr; Eintritt 4 € (mit Marstallmuseum)

Essen und Trinken

Alte Linde M M   nördlich ■ d 1
Seit einigen Jahren präsentiert sich der über die Stadtgrenzen hinaus bekannte Kneitinger Garten unter neuem Namen. Die Küche ist gutbürgerlich, der Garten unverändert schön.
Müllerstr. 1; Tel. 09 41/8 80 80; im Winter ab 16 Uhr geöffnet ★★

Dampfnudel-Uli ■ d 1
Im historischen Ambiente werden deftige bayerische Schmankerln und leckere Dampfnudeln kredenzt.
Watmarkt 4; Tel. 09 41/5 32 97; Di–Fr 10–18, Sa 10–15 Uhr ★

Da Tino ■ c 2
Pizza und Pasta im rustikalen Ambiente oder auf der Straßenterrasse am wunderschönen Haidplatz.
Haidplatz 4; Tel. 09 41/56 13 35 ★ AmEx EURO

David ■ d 1–2
Das Restaurant im Goliathhaus ist seit Jahren eine der feinsten Regensburger Gourmet-Adressen.
Watmarkt 5; Tel. 09 41/56 18 58; So und Mo geschl.

Historische Wurstküche M ■ d 1
Eines der ältesten Wirtshäuser Deutschlands. Direkt an der Donau werden in dem historischen Gasthaus Bratwürste mit Kraut serviert, die im Freien natürlich noch besser schmecken. Dies wusste auch schon Johann Wolfgang von Goethe bei seinem Besuch im Jahre 1786 zu schätzen. Beachtung verdienen die an dem kleinen Häuschen angebrachten Hochwassermarkierungen.
An der Steinernen Brücke; Tel. 09 41/ 5 90 98; tgl. 8–19 Uhr, Nov.–Ostern So nur bis 15 Uhr ★

Hofbräuhaus Regensburg M M
■ c 2
Unter hohen Decken werden einfache bayerische Gerichte serviert. Unter den Gästen befinden sich Regensburger Originale genauso wie Touristen.
Waaggäßchen 1; Tel. 09 41/5 12 80 ★

Kneittinger Keller   südlich ■ f 6
Einer der schönsten und ältesten Biergärten in Regensburg.
Galgenbergstr. 18; Tel. 09 41/7 66 80 ★

Thomas von Aquino ■ b 1
Die stimmungsvolle Spaghetteria im Gewölbe der ehemaligen Thomaskapelle ist für ihre schmackhaften und üppigen Nudelgerichte bekannt.
Am Römling 12; Tel. 09 41/56 36 95 ★★

Einkaufen

Fast die gesamte Regensburger Altstadt präsentiert sich als lebendiges Einkaufszentrum. Kaufhäuser und größere Ladenketten haben sich vor allem im Südosten der Altstadt niedergelassen, während kleinere Boutiquen, Schmuckläden, Kunsthandwerker und Einzelhändler im verkehrsberuhigten Gassengewirr zwischen Dom und Haidplatz zu finden sind.

Weichser Radi　■ de 2
Von März bis Oktober wird werktags vor dem Domplatz eine Regensburger Spezialität verkauft: Radi, saftige Rettichwurzeln aus den Gärten des Vorortes Weichs.

Am Abend

Bars, Cafés und Kneipen

Allegro　■ d 1
Ein großer Tresen, eine Stahlträger-Galerie und Fresko-Imitationen an der Wand gehören zur Ausstattung. Gemischtes Publikum. Bis 18 Uhr erklingt klassische Musik aus den Boxen. Weiße-Lamm-Gasse 1; Tel. 09 41/5 27 14; tgl. 10–1, Sa bis 22 Uhr

Kaminski　■ c 2
Hier stimmt das Ambiente. Im Sommer kann man gemütlich auf roten Stühlen in der engen Gasse sitzen. Hinter der Grieb 10; Tel. 09 41/5 38 03; Mo–Sa 8–1, So ab 10 Uhr

Paletti　■ c 2
Vom Frühstück bis zum letzten Bier ist diese angenehm gestylte Szenekneipe ein guter Anlaufpunkt. Pustetpassage; Tel. 09 41/5 15 93; tgl. 8–1 Uhr, So ab 16 Uhr

Wunderbar　■ bc 1
Cocktailbar für den späten Abend. Keplerstr. 11; Tel. 09 41/5 31 30; Fr und Sa 21–3, So–Do 22–3 Uhr

Diskotheken

Scala　■ c 2
Trenddisko mit drei Bars. Pustetpassage; Mo und Di geschl.

Sudhaus　■ c 2
Feste Adresse im Regensburger Nightlife. Untere Bachgasse 8; So geschl.

Suzie Wong Lounge　■ d 1
Der Szenetreff schlechthin. Weiße-Hahnen-Gasse 3–5; Do 23.30–3 Uhr, Fr, Sa bis 4 Uhr

Kinos

Über das Programm der acht Regensburger Kinos informiert die Tagespresse und die Telefonansage unter Tel. 09 41/11 51. Fünf Filmtheater (**Garbo, Metropolis, Ostentorkino, Regina-Lichtspiele, Stali-Filmtheater**) sind Programmkinos.

Kunst- und Kulturfabrik
Alte Mälzerei　südlich ■ f 6
Beliebtes alternatives Kulturzentrum. Galgenbergstr. 20; Tel. 09 41/7 57 49

Leerer Beutel　■ f 3
Zwei- bis dreimal wöchentlich ab 20.30 Uhr Jazzkonzerte, jeden letzten Dienstag im Monat eine Jazz-Session. Bertoldstr. 9; Tel. 09 41/56 33 75

Städtische Bühnen　■ b 2
Das Repertoire der Bühne umfasst Oper, Operette und Schauspiel. Bismarckplatz 7; Tel. 09 41/5 07 24 24

Statt-Theater　■ a 1
Die Vorstellungen der Kleinkunstbühne beginnen um 20.30 Uhr. Winklergasse 16; Tel. 09 41/5 33 02; Mo und Di geschl.

Turmtheater　■ d 1–2
Kleines, intimes Theater im 6. Stock des Goliathhauses. Watmarkt 5; Tel. 09 41/56 22 23

Service

Auskunft

Tourist-Information ■ c 1
Altes Rathaus, 93047 Regensburg; Tel.
09 41/5 07 44 11, Fax 5 07 44 19; www.
regensburg.de

Eisstadion östlich ■ f 1
Wöhrdstraße; Tel. 09 41/5 07 25 35

Freibad nördlich ■ a 1
Wöhrdad, Lieblstr. 6; Tel. 09 41/6 01 29 22

Hallenbäder

Hallenbad östlich ■ f 4
Gabelsbergerstr. 14; Tel. 09 41/6 01 29 77

Neues Westbad nordwestlich ■ a 1
Freizeitbad mit Thermal-, Wellen-
und Freibecken, Sauna sowie einer
über 100 m langen Riesenrutsche.
Messerschmittstr. 4; Tel. 09 41/6 01 29 44

Reptilien-Zoo südöstlich ■ f 6
In 90 Vitrinen sind etwa 200 Arten
ausgestellt.
Obertraublinger Str. 25; tgl. 10–18 Uhr;
Eintritt 3 €, ermäßigt 2 €

Schiffahrten ■ f 1/d 2
Strudelfahrten auf der Donau sowie
Fahrten zur Walhalla finden im Som-
merhalbjahr täglich ab der Anlegestelle Werftstraße (10.30 und 14 Uhr)
bzw. Steinerne Brücke (jede Stunde
von 10–16 Uhr) statt.

Stadtführungen ■ c 1
Beginn am Alten Rathaus. Die Tour
dauert rund 90 Minuten.
Mo–Fr 14.45, Sa 10.15 und 14.45, So 10.45
und 14 Uhr; April–Okt. zusätzlich Mo–Fr
10.15 Uhr; Teilnahmegebühr 5 €

Tennis und Squash südwestlich ■ a 6
Sportanlage Schrammel, An der Steinernen Bank 10, Regensburg-Pentling; Tel.
0 94 05/3 30

Ziele in der Umgebung

Kloster Prüfening
■ A 13, S. 114

Im Westen von Regensburg liegt das
schlossähnliche Benediktinerkloster,
das von einem großen, verwilderten
Park umgeben ist. Die aus dem 12. Jh.
stammenden romanischen Wandma-
lereien der Klosterkirche sind hervorragend erhalten und daher von höchs-
tem kunstgeschichtlichem Interesse.
Die Besichtigung der Kirche ist nach
Absprache mit dem Pfarramt St. Bo-
nifaz (Killermannstr. 26, Tel. 28 67)
möglich oder April–Okt. So 14–17 Uhr.

Walhalla
■ C 13, S. 114

Schon von weitem sichtbar erhebt
sich die Walhalla über das Tal der
Donau. In der nordischen Sage ist
Walhalla der Ort, wo Odin die gefalle-
nen Helden empfängt; der bayerische König Ludwig I. wollte hingegen
an die großen Deutschen erinnern.
358 Marmorstufen führen hinauf zur
Ruhmeshalle, die Leopold von Klenze
von 1830 bis 1842 im Stile eines
griechischen Tempels errichtete.
Klenze hat seine Sicht von der Walhalla schon 1838 festgehalten, sein
Gemälde hängt im Regensburger
Stadtmuseum. Bis zum heutigen Tag
sind 132 Persönlichkeiten aus dem
politischen und kulturellen Leben,
darunter nur sechs Frauen, für wür-
dig empfunden worden, hier verewigt
zu werden. Aufnahmeanträge sind an
die Bayerische Staatsregierung zu
richten. Grundvoraussetzung ist allerdings, dass die jeweilige Person
seit mindestens 20 Jahren tot ist.
   Von der Walhalla genießt man eine
herrliche Aussicht auf das Donautal
und die Vorberge des Bayerischen
Waldes (April–Sept. tgl. 9–17.45,
Okt–März 10–12 und 13–16 Uhr; Eintritt 1,50 €). Empfehlenswert ist auch
ein Schiffsausflug von Regensburg.

Die altbayerische Herzogsstadt

ist das Zentrum der als »bayerische Kornkammer« gelobten Gäubodenlandschaft. Hoch her geht es beim Gäubodenfest.

Straubing ▪ F 15, S. 115

40 000 Einwohner
Stadtplan → S. 75

Die fruchtbaren Böden rund um Straubing wurden schon früh bewirtschaftet. Nach den Kelten hatten die Römer im Osten der heutigen Altstadt bei St. Peter das Militärlager »Sorviodurum« angelegt. Später residierten hier die Herzöge der wittelsbacherischen Nebenlinie Straubing-Holland und bedachten die Stadt mit ihrem fürstlichen Glanz. Damals floss die Donau allerdings noch ein Stück weit an Straubing vorbei; erst 1477 wurde der Fluss durch einen spektakulären Dammbau an die Stadt herangeleitet. Kaiser Karl V. soll gesagt haben, dass ihm in ganz Deutschland keine Stadt besser gefallen habe als Straubing.

Ihren charakteristischen Grundriss verdankt die Stadt den Wittelsbachern, gründete doch der Bayernherzog Ludwig der Kelheimer 1218 westlich der alten bajuwarischen Siedlung »Strupinga« das neue Straubing. Diese Neugründung entspricht geradezu dem Idealbild einer niederbayerischen Stadt: Besonders markant ist der typische, von Westen nach Osten verlaufende, lang gestreckte Straßenmarkt, der durch den mächtigen Stadtturm und das angrenzende Rathaus in Ludwigs- und Theresienplatz geschieden wird. Gesäumt wird der zweigeteilte Platz von herrlichen Bürgerhäusern. Daneben erinnern aber noch zahlreiche Anwesen mit bäuerlicher Vergangenheit daran, dass die Landwirtschaft jahrhundertelang das Leben der »größten Bauernstadt Bayerns« bestimmte. Diese Tradition wird auch durch das alljährlich Mitte August stattfindende **Gäubodenfest** wach gehalten. An Samstagen findet regelmäßig auf dem Marktplatz, der auch heute noch der pulsierende Mittelpunkt der Stadt ist, ein bunter Bauernmarkt statt. Wer sich vom anstrengenden Flanieren erholen möchte, findet sicher in einem der vielen Straßencafés am Marktplatz ein geeignetes Fleckchen zum Entspannen. Gleich ums Eck wurde Straubings berühmtester Sohn geboren, **Joseph von Fraunhofer**. Als Autodidakt wurde er zum Begründer der wissenschaftlichen Optik und Entdecker der Spektralfarben.

Hotels/andere Unterkünfte

Gäubodenhof ▪ a 3
Kleiner, beschaulicher Gasthof mit familiärer Atmosphäre.
Theresienplatz 8a; Tel. 0 94 21/1 22 75, Fax 9 04 43; 16 Betten ★ ★ AmEx EURO VISA

Hotel Röhrl ▪ a 3
Traditionsreicher Gasthof mit schmackhafter Küche. Direkt am Stadtplatz.
Theresienplatz 7; Tel. 0 94 21/9 90 80, Fax 99 08 28; 27 Betten ★ ★ AmEx DINERS EURO VISA

Hotel Theresientor ▪ a 3
Modernes, funktionales Hotel. Traumhaft schön ist das Turmzimmer unter der Kuppel. Von der Terrasse hat man einen fantastischen Blick.
Theresienplatz 41; Tel. 0 94 21/84 90, Fax 84 91 00; 65 Betten ★ ★ ★ AmEx DINERS EURO VISA

Jugendherberge südöstlich ▪ d 3
Friedhofstr. 12; Tel. 0 94 21/8 04 36, Fax 1 20 94; Nov.–März geschl. ★

Camping nördlich ▪ d 1
Erst 1997 eröffneter Platz, zwischen alter und neuer Donau gelegen. 15 Gehminuten zur Stadtmitte.
Wundermühlweg 9; Tel. 0 94 21/8 97 94; Mai–Okt.

Niederbayerisches Kleinod: Straubing mit seinem mächtigen Stadtturm.

Spaziergang

Es lohnt sich, zunächst die Silhouette der Stadt vom gegenüberliegenden Donauufer aus zu betrachten: Die Kirchtürme der Karmelitenkirche und der Basilika St. Jakob sowie der Stadtturm ragen weit aus dem Häusermeer hervor. Am besten parken Sie am kostenlosen Großparkplatz Am Hagen.

Der nüchterne und massive Bau des ehemaligen **Herzogsschlosses** bei der Donaubrücke im Nordosten der Altstadt fällt sogleich ins Auge. Hier steht noch der Turm, in dem die »heimliche« Herzogsgattin Agnes Bernauer vor ihrer Ermordung gefangen gehalten wurde. Einen Steinwurf weit entfernt treffen Sie in der Burggasse auf die barocke **Ursulinenkirche**. Die Gasse hinunter stößt man auf den breiten, 600 m langen Straßenmarkt, der in diesem Bereich noch Ludwigsplatz, später dann Theresienplatz heißt. Rechter Hand, an der Ecke zur Fraunhoferstraße (Nr. 1), steht das Geburtshaus des berühmten Wissenschaftlers. Das **Gäubodenmuseum** finden Sie ebenfalls in der Fraunhoferstraße.

Der mächtige **Stadtturm** trennt und eint die Stadt zugleich. Trotz seiner Größe wirkt er äußerst filigran. Immer wieder sind in der Altstadt schöne alte Bürgerhäuser mit gotischen Treppengiebeln und barocken Fassaden sowie Reste des herzoglichen Glanzes zu entdecken. Auf dem Theresienplatz steht eine 15 m hohe **Dreifaltigkeitssäule**, die die Bürgerschaft 1709 aufgrund eines im Spanischen Erbfolgekrieg geleisteten Gelübdes errichten ließ. Die **Stadtpfarrkirche St. Jakob** mit ihrem schlanken, 86 m hohen Turm ragt hinter der Häuserfront hervor. Von hier gelangen Sie in fünf Minuten zurück zum Parkplatz.

Sehenswertes

Basilika St. Jakob ▪ b 2

Die dreischiffige, 82 m lange spätgotische Hallenkirche mit ihrer beeindruckenden Raumwirkung zählt zu den bedeutendsten Hallenkirchen Altbayerns; wahrscheinlich ist sie ein Werk des Kirchenbaumeisters Hans Stethaimer aus Landshut. Berühmt ist die Kirche für ihre 20 Seitenkapellen und die riesigen, farbenfrohen gotischen Glasfenster. Sehenswert sind die Rokoko-Kanzel und der neugotische Hochaltar, in den auch ältere Teile, darunter Gemälde von Michael Wolgemut, dem Lehrer Dürers, integriert wurden.
Seminargasse

Ehemaliges Herzogsschloss ▪ c 1

Das 1356 neu errichtete und 1420 erweiterte Schloss am Südufer der Donau gelangte durch die Agnes-

❶ MERIAN-Tipp

Petersbasilika Zusammen mit dem beschatteten Friedhof, der Seelenkapelle (volkstümliche Totentanzfresken aus dem Rokoko) und der benachbarten Bernauerkapelle bildet die dreischiffige Kirche St. Peter ein wunderschönes Ensemble. Der um 1200 begonnene Kirchenbau ist das älteste Gotteshaus Straubings und zugleich eine der großen romanischen Basiliken in Bayern. Den zur Wehrkirche gehörenden Friedhof sollte man unbedingt genauer in Augenschein nehmen: Mit seinem alten Baumbestand und den geschmiedeten Grabkreuzen gehört er zu den beeindruckendsten in ganz Deutschland. östlich ▪ d 1

Bernauer-Tragödie zu trauriger Berühmtheit. Im Ostflügel des Schlosses gibt die Dauerausstellung »Bilder und Zeichen der Frömmigkeit« einen Einblick in den katholischen Volksglauben.

An der Donaubrücke; Di–So 10–16 Uhr; Eintritt 2 €, ermäßigt 1,50 €

Stadtturm ▪ b 3

Straubing ist so schön und stattlich wie sein Stadtturm, der aus dem 14. Jh. stammt und zugleich Wahrzeichen und Mittelpunkt der Stadt ist. Schon von weitem kann man den 68 m hohen Turm ausmachen, er erhebt sich mit seinem Spitztürmchen

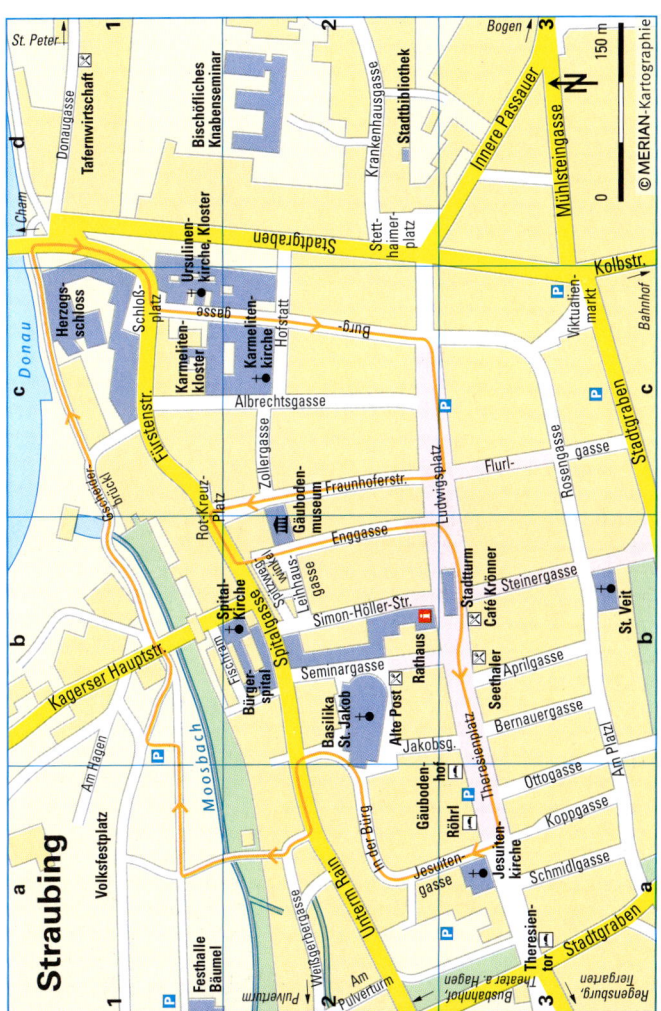

und den vier Ecktürmen weit über den Marktplatz.

Ludwigsplatz/Theresienplatz; Führungen April–Okt. Do 14, Sa und So 10.30–11.30 Uhr; Teilnahmegebühr 2,50 €, ermäßigt 1,50 €

Ursulinenkirche   ◼ c 1

Die Klosterkirche St. Ursula, erbaut in den Jahren 1736 bis 1741 und »eingezwängt« zwischen die Flügelbauten des 1691 gegründeten Ursulinenklosters, ist das letzte gemeinsame Werk der Gebrüder Asam; sie statteten das Innere mit beeindruckenden Gemälden, Stuck und Fresken aus, die das Leben und Wirken der Ursulinen darstellen. Ein spätbarockes Kleinod!
Burggasse

Museen

Gäubodenmuseum   ◼ b 2

Neben archäologischen Fundstücken über die Besiedlung des Gäubodens und sakralen Kunstwerken beherbergt das vornehme Patrizierhaus auch einen 1950 entdeckten Römerschatz. Seine kunsthistorische Bedeutung beruht auf dem dabei entdeckten wertvollen Parademasken für Reiter und Pferde.
Fraunhoferstr. 9; tgl. außer Mo 10–16 Uhr; Eintritt 2 €, ermäßigt 1,50 €

Essen und Trinken

Café Krönner   ◼ b 3

Die Agnes-Bernauer-Torte aus der hauseigenen Konditorei gehört zum kulinarischen Pflichtprogramm.
Theresienplatz 22; Tel. 0 94 21/9 39 50 ★★

Hotel Röhrl   ◼ a 3

Stadtbekannte Adresse für niederbayerische Spezialitäten in gepflegter Atmosphäre. Schattige Straßenterrasse.
Theresienplatz 7; Tel. 0 94 21/9 90 80
★★ AmEx DINERS EURO VISA

Seethaler   ◼ b 3

Der fünfhundertjährige Gasthof ist bekannt für seine unverfälschte niederbayerische Küche. Von der Terrasse hat man einen schönen Blick über den gesamten Stadtplatz.
Theresienplatz 25; Tel. 0 94 21/9 39 50; So und Mo geschl.; 45 Betten ★★/★★★

Tafernwirtschaft M   ◼ d 1
→ MERIAN-Tipp S. 19

Einkaufen

Täglich werden am Ludwigsplatz Blumen, Obst und Gemüse feilgeboten. Am Samstag verkaufen die Bauern der Umgebung auf dem Theresienplatz ihre Erzeugnisse. Dabei kann man sogar lebendiges Geflügel erstehen.

Am Abend

Das Nachtleben von Straubing ist für eine Stadt dieser Größenordnung ungemein vielseitig. Diskofreaks können zwischen dem **Max, Gleis 1, Rohrmayer, Roxy, Waikiki** und **Havanna Club** wählen. Eine gut besuchte Bar ist das **Nevada** am Viktualienmarkt.

Kino   ◼ ab 3

Das **Capitol**-Filmtheater hat sieben Vorführsäle.
Theresienplatz 30; Tel. 0 94 21/84 53 34 (Ansage)

Service

Auskunft

Amt für Tourismus   ◼ b 2

Im Rathaus, Theresienplatz 20, 94315 Straubing; Tel. 0 94 21/94 43 07, Fax 94 41 03; www.straubing.de

Eisstadion   westlich ◼ a 3

Von Oktober bis März dauert die »eisige« Saison.
Am Kinseherberg 22; Tel. 0 94 21/1 22 07

Schwimmen

Aquatherm   südwestlich ■ a 3
Hallen- und Freibad mit Thermal- und
Mineralwasserqualität.
Wittelsbacherhöhe 50/52; Tel. 0 94 21/
86 41 78

Stadtführung   ■ b 2
Von Mai bis Sept. findet jeweils mitt-
wochs und samstags um 14 Uhr eine
eineinhalbstündige Führung statt.
Treffpunkt: Amt für Tourismus; Teilnahmegebühr 2,50 €, Kinder 1,50 €

Theater   ■ ab 1
Am Hagen 61; Kartenverkauf über das Amt
für Tourismus

Tiergarten   westlich ■ a 3
→ S. 79

Trabrennbahn   südlich ■ a 3
Auf Ostbayerns größter Trabrennbahn mit Flutlichtanlage finden einmal wöchentlich Rennen statt.
Ejadonstr. 45; Tel. 0 94 21/37 77

Ziele in der Umgebung

Bogenberg   ■ A 18, S. 116

Schon in der Bronzezeit war der weithin sichtbare, 432 m hohe Hügel im
Donautal bewohnt. Ausgedehnte
Wallanlagen zeugen auch von einer
keltischen Besiedlung. Bekannt ist
die alljährlich am Pfingstmontag
stattfindende Wallfahrt auf den Bogenberg (→ Feste und Festspiele,
S. 102) mit seiner spätgotischen
Wallfahrtskirche von 1463, die eine
seltene romanische Steinmadonna
birgt. Doch nicht nur aus diesem An-
lass lohnt ein Aufstieg auf den Gipfel.
Auf dem Bogenberg können Sie auch
das im renovierten Pfarrhofstadel untergebrachte **Kreis- und Heimatmuseum** besuchen, das in die regionale
Volkskultur einführt. Museum Mitte

April–Mitte Okt. jeden Mi und So
14–16 sowie So und Fei 10–12 und
14–16 Uhr; Eintritt 1 €

Windberg   ■ B 17, S. 116

Auf einer reizvollen Anhöhe in Sicht-
weite des Bogenbergs liegt das kleine Dorf Windberg. 1142 gründeten
die Grafen von Bogen hier ein Prä-
monstratenserkloster, dessen Stifts-
kirche zu den Hauptsehenswürdig-
keiten des Vorwaldes zählt. Die dreischiffige romanische Pfeilerbasilika
besitzt zwei kunstvolle Portale und
einen seltenen, auf drei Löwenköp-
fen ruhenden Taufstein. Einen schönen Kontrast dazu bildet die Rokoko-
Innenausstattung, vor allem die
Stuckaltäre des Straubinger Künst-
lers Matthias Obermayer. In der
Gegend um Windberg und Hunder-
dorf lebte übrigens der sagenumwo-
bene Waldprophet Mühlhias, der mit
bürgerlichem Namen Matthias Lang
hieß. Seine düsteren Voraussagen
faszinieren seine Anhänger seit mehr
als 200 Jahren.

Wörth   ■ D 13, S. 115

2500 Einwohner

Auf halbem Wege zwischen Straubing
und Regensburg liegt Wörth am linken Ufer der Donau. Dominiert wird
das kleine, sympathische Städtchen
von der mächtigen Burganlage, die
im 16. Jh. zur Fürstenresidenz umgebaut wurde. Das **Schloss** ist eine un-
regelmäßige Anlage mit dicken Rundtürmen, der Bergfried stammt aus
dem 13. Jh. Es wurde sorgfältig renoviert und dient heute als Senioren-
wohnstift, der Schlosshof ist frei zugänglich. Schon Albrecht Altdorfer war
von der abwechslungsreichen Landschaft angetan. Er schuf 1522 mit
seiner »Donaulandschaft mit Schloss
Wörth und dem Seuchenberg« eines
der frühesten Landschaftsgemälde
der europäischen Kunst.

Das aktive Erleben einer weitgehend intakten Umwelt ist heute nicht mehr selbstverständlich. Dabei ist dies vor allem für Kinder eine wichtige Voraussetzung für ein besseres Naturverständnis. Im Bayerischen Wald gibt es vielfach Gelegenheit, dem Murmeln einer Quelle zu lauschen, die feuchte Kühle von Waldmoosen zu fühlen, einen Urwaldriesen zu bestaunen, Pilze im vermoderten Holz zu riechen und frische Walderdbeeren zu pflücken. Bei Spiegelau, am Rande des Natio-nalparks Bayerischer Wald, soll auf einem **Waldspielgelände** mit angegliederter »Waldschule« und Wald-lehrpfad vor allem Kindern der Zu-gang zur Natur erleichtert werden.

Bei Familien mit Kindern steht der **Urlaub auf dem Bauernhof** nach wie vor hoch im Kurs. Im Bayerischen Wald mit seinen zahllosen Gehöften gibt es natürlich eine Vielzahl von Anbietern dieser preiswerten und ab-wechslungsreichen Urlaubsform. »Mitarbeiten«, Tiere streicheln und strahlende Kinderaugen inklusive ...

Seltene Tiere und Pflanzen können in ihrem natürlichen Lebensraum beobachtet werden. Ein Urlaub im Bayerischen Wald bietet Kindern unvergessliche Erlebnisse.

Bayerwald-Tierpark Lohberg im Lamer Winkel ■ E 7, S. 111 In einem 10 ha gro-ßen, weitgehend na-türlich belassenen Gelände leben zwi-schen alten Bäumen, Bächen und einem

Weiher ausschließlich Tiere, denen man heute noch im Bayerischen Wald begegnen kann oder die einst hier gelebt haben. Zusätzlich wurde ein Natur- und Umweltlehrpfad angelegt.

Mai–Okt. tgl. 9–17, Nov.–April 10–16 Uhr; Eintritt 4 €, Kinder 2,50 €

Besucherbergwerk Silberberg

■ E 8, S. 111

Die Besichtigung des 1962 stillgelegten Silberbergwerks bei Bodenmais ist für Kinder ein aufregendes Erlebnis. Im Inneren des Berges öffnet sich eine geheimnisvolle Welt mit Stollen und unterirdischen Seen, wobei die einstigen Abbaumethoden demonstriert werden.

Führungen 1. April–20. Juni und 16. Sept.–31. Okt. tgl. 10–16 Uhr, 21. Juni–15. Sept. 9–17 Uhr, 25. Dez.–8. Jan. 10–15 Uhr sowie 9. Jan.–31. März 13–15 Uhr; Eintritt 4,50 €, Kinder 3 €

Rasantes Vergnügen: Auf der Sommerrodelbahn am Silberberg kommen große und – vor allem – kleine Urlauber so richtig in Fahrt (▸ S. 87).

Churpfalzpark Loifling

■ A 7, S. 110

In der Nähe von Cham können sich Kinder in dem 8,5 ha großen Freizeitpark austoben: Unter anderem gibt es ein Spiegellabyrinth, ein Riesenrad, Autoscooter und eine Hüpfburg. Entspannung findet man auf Spazierwegen zwischen Blumenbeeten. Dreimal täglich werden den Kindern durch das Theaterstück »Das große Wald- und Wiesenfest« auf unterhaltsame Weise Einblicke in den Umweltschutz vermittelt.; Tel. 0 99 71/3 03 00; Ostern bis Mitte Okt. tgl. 9–18 Uhr; Eintritt 12 €, Kinder 11 €

Märchen- und Gespensterschloss

■ E 6, S. 111

In einer restaurierten Jugendstilvilla wurden verschiedene Märchenszenen nachgestellt.

Lambach bei Lam; tgl. 9–18 (Sommer) bzw. 10–17 Uhr (Winter); Eintritt 2 €, Kinder 1,50 €

Sommerrodeln

Nicht nur die Jüngsten stürzen sich im Sommer begeistert bei Bodenmais, Neukirchen beim Heiligen Blut oder Grafenau die Rodelbahn hinunter.

Straubinger Tiergarten

westlich ■ a 3, S. 75

Der einzige Tierpark Ostbayerns liegt unweit des Stadtzentrums von Straubing. 250 Arten mit über 1000 Tieren tummeln sich hier. Faszinierend ist vor allem das Großaquarium im Danubium des Tiergartens. Es bietet die einmalige Möglichkeit, den nachempfundenen Strömungsverlauf der Donau mit seinem Fischbestand zu beobachten.

Lerchenhaid 3; Tel. 0 94 21/2 12 77; März–Sept. tgl. 8.30–19 bzw. Okt.–Feb. 9.30–17 Uhr; Eintritt 4 €, Kinder 2,50 €

Tierfreigelände im Nationalpark Bayerischer Wald

→ S. 45 ■ D 12, S. 113

Von dunklen Wäldern umgeben

liegt Viechtach im Tal des Regen. Der sehenswerte barocke Marktplatz mit dem Rathaus steht unter Ensembleschutz.

Viechtach ◼ C 8, S. 110

8600 Einwohner

In Viechtach scheint die Sonne öfters als in anderen Teilen des Waldgebirges. Die vielen wolken- und nebelfreien Stunden wissen nicht nur Touristen zu schätzen, auch das Institut für angewandte Geodäsie hat aus diesem Grund hier seine Satelliten-Beobachtungsstation eingerichtet.

Vor mehr als sieben Jahrhunderten wurde Viechtach zum Sitz eines herzoglichen Pfleggerichts und damit zu einem wirtschaftlichen und verwaltungstechnischen Gebiet, das bis ins 16. Jh. auch Regen einschloss. Die Suche nach Historischem gestaltet sich nicht einfach, denn die Geschichte gab in Viechtach des Öfteren ein kurzes, aber vernichtendes Gastspiel: Egal ob im Böcklerkrieg, im Dreißigjährigen Krieg, im Spanischen und Österreichischen Erbfolgekrieg – der Ort wurde fast immer zerstört.

Wer es mehr mit der Geschichte hält, kann eine der vier rund um Viechtach verteilten **Burgruinen** aufsuchen.

Hotels/andere Unterkünfte

Bauernhofpension Heigl 👫👶
Ein Bauernhof mit allem, was dazugehört! Kinder lieben besonders die Kamerun-Schafe der Familie Heigl. Auf dem Hof wird noch Brot im Holzofen gebacken. Die mit Bauernmöbeln ausgestatteten Zimmer verfügen über einen Balkon oder eine Terrasse.
Ortsteil Schönau 2; Tel. 0 99 42/84 61; 8 Betten ★

Gasthof Miethaner
Familiärer Gasthof beim Höllensteinsee. Alle Zimmer mit Balkon.
Höllenstein 13; Tel. 0 99 41/95 30, Fax 95 31 99; 68 Betten ★★

Hotel Schmaus
Das unmittelbar am Marktplatz stehende Haus verfügt über Hallenbad mit Jetstream und Sauna. Dem Hotel ist auch ein empfehlenswertes Restaurant angegliedert.
Stadtplatz 5; Tel. 0 99 42/9 41 60, Fax 94 16 30; 74 Betten ★★★ AmEx DINERS EURO VISA

Camping

Azur-Knaus Campingpark
Luxuriöser Platz mit Hallenbad und Sauna.
Tel. 0 99 42/10 95, Fax 90 22 22

Campingplatz Am Höllenstein
Tel. 0 99 42/85 01

Campingplatz Schnitzmühlinsel
Tel. 0 99 42/18 77

Sehenswertes

Gläserne Scheune
Seit 1980 arbeitet der Glasmaler Rudolf Schmid an seinem Lebenswerk, der »Gläsernen Scheune«, einem einzigartigen Gesamtkunstwerk. Dabei stellte er unter anderem die Weissagungen des Waldpropheten Mühliasl auf einem riesigen Glasgemälde (10 x 7 m) dar. In der angeschlossenen Galerie können Schmids Werke auch erworben werden.

Ortsteil Rauhbühl 3; April–Sept. tgl. 10–17,
im Okt. bis 16 Uhr; Eintritt 3 €

Höllensteinsee

Mehr als 5 km ist der von Wäldern
umrahmte Höllensteinsee lang. Am
Stausee besteht die Möglichkeit, im
Restaurant Seeblick einzukehren
oder sich ein Boot zu mieten. Das beliebte Wanderziel kann von Viechtach aus zu Fuß in etwa zwei Stunden erreicht werden.

Pfahl

Deutlich tritt in der näheren Umgebung von Viechtach ein Stück des
markanten, den gesamten Bayerischen Wald durchziehenden
Quarzriffs hervor. Das große Quarz-
vorkommen hatte einst die Glasmacher in den Wald gelockt; heute ist
man bemüht, diese geologische Rari-
tät der Nachwelt zu erhalten. An der
B 85 nordwestlich von Viechtach
liegt das **Naturschutzgebiet Großer
Pfahl,** ein Stück weiter südlich bei
der barocken Antonikapelle befindet
sich das **Naturschutzgebiet Kleiner
Pfahl.** Hinter der Kapelle ist eine
Kreuzigungsgruppe zu sehen; die
Kreuzwegstationen sind entlang des
Pfahl angeordnet.

Rotes Höhenvieh

Hinter dem dramatischen Namen
»Rotes Höhenvieh« verbirgt sich eine
anspruchslose Rinderrasse, die das
ganze Jahr über auf der Weide lebt.
In Deutschland gibt es jedoch nicht
einmal mehr hundert Exemplare dieser Gattung, weshalb Sie bei Gelegenheit einen Blick auf den nördlich
von Viechtach gelegenen Kronberg
werfen sollten, auf dem eine kleine
Herde grast.

Stadtpfarrkirche

Am östlichen Ende des Marktplatzes
steht die stattliche Stadtpfarrkirche
St. Augustinus, eine äußerst gelun-
gene Rokokoschöpfung mit Stukka-

turen aus der Wessobrunner Schule.
Beachtenswert sind auch die schönen Holzschnitzereien an Chor- und
Beichtstühlen sowie die Deckenma-
lereien. Das Gotteshaus wurde 1760
bis 1766 errichtet und war einst Mittelpunkt der größten Pfarrei des Bayerischen Waldes.

Vogelpark

Mehrere hundert Vögel aus verschiedenen Kontinenten leben in geräumigen Volieren bzw. auf einem Freige-
lände mit Teichanlage.
Ortsteil Lammerbach 1; April–Okt. tgl.
10–18 Uhr; Eintritt 3 €

Museen

Ägayrische Gewölbe

Das Museum hat man in der spätmit-
telalterlichen Spitalkirche Hl. Geist
eingerichtet. Zusammengetragen
wurden zahlreiche ägyptische, grie-
chische und römische Kunstwerke,
darunter der Kopf der Nofretete – allerdings sind alle Schätze nur Kopien!
Spitalgasse 5; April–Okt. tgl. außer Mo
10–16 Uhr; Eintritt 2 €

Kristallmuseum

Über 1200 Kristalle und Mineralien
aus aller Welt gehören zum Inventar
des Kristallmuseums. Diese Schätze
sind seit 1995 im Hause der Ge-
schenk-Galerie Klingl untergebracht.
Linprunstr. 4; Mo–Fr 9.30–18, Sa 9–16, So
10–16 Uhr; Eintritt 2,50 €

Wachsstöcklkabinett

Das Wachszieher- und Lebzeltermu-
seum hat sein Domizil im ersten
Stock des Café Hinkofer.
Ringstr. 7; Mo 8–18, Di–Fr 8–24, So 9–19
Uhr; Eintritt 1 €

Einkaufen

In der Linprunstraße 9 können Sie in
einem herrlichen Tante-Emma-Laden
eine vom Besitzer selbst zusammen-

gestellte Schnupftabakmischung erwerben.

Am Abend

Es gibt zwei Diskotheken: **NAP** (Blossersberer Str. 1) und das **Limit New** mit Bistro (Ringstr. 6); Kinofans gehen ins **Treffpunkt Kino** in der Kreuzstr. 3.

Service

Auskunft

Kurverwaltung
Stadtplatz 1; 94234 Viechtach; Tel. 0 99 42/16 61, Fax 61 51; www.viechtach.de

Freibad 🏊
In der Nähe des Großen Pfahl gelegen, rühmt sich die Anlage mit Sprungturm und Großwasserrutsche, das »schönste Freibad im Bayerischen Wald« zu sein.

Regentalbahn
An den Sommerwochenenden fährt die private Bahnlinie von Viechtach nach Gotteszell. Genaue Auskünfte erteilt das
Verkehrsamt Gotteszell
Annabergstr. 1; Tel. 0 99 29/13 46

Reiten
Reithalle des Reit- und Fahrvereins Viechtach.
Fischaitnach 11; Tel. 0 99 42/68 77

Ziele in der Umgebung

Burgruine Altnußberg

■ C 8, S. 110

Seit 1983 wurden die Überreste der größten und ältesten Burganlage des Bayerischen Waldes freigelegt und archäologisch erforscht sowie der Bergfried als Aussichtsturm wieder errichtet. Die Burgruine aus dem späten 12. Jh. war die Stammburg der Nußberger, einst eines der mächtigsten Adelsgeschlechter in Altbayern. Im so genannten Böcklerkrieg (1468) rangen sie zusammen mit anderen Adligen gegen den Landesherrn, den Herzog Albrecht von Bayern, vergeblich um ihre Rechte. Die Burg Altnußberg wurde bei diesen Auseinandersetzungen zerstört. Von Donnerstag bis Sonntag kann man in der Burgschenke einkehren. Führungen Mai–Okt. jeden Di 14, Do 10 Uhr; Eintritt 1,50 €.

Drachselsried ■ D 7, S. 111

2200 Einwohner

Ursprünglich war das Pfarrdorf eine von einem Fronhof abhängige Hofmark mit zwei Mühlen und einer Brauerei; als solche gehörte sie verschiedenen adeligen Grundherrn, darunter auch den Poschingern, die hier ein barockes Schloss errichteten. Der Höhenzug zwischen Kaitersberg und Arber, die stattlichen Bergbauernhöfe und zahlreichen Totenbretter in der Umgebung sind beliebte Wanderziele. Nicht wenige meinen, die Wanderung über den Kamm des Kaitersbergs zum Gipfel des Großen Arbers sei die schönste Wandertour des Bayerischen Waldes.

Sehenswertes

Neunußberg
Über dem Ort thront die **Burgruine Neunußberg**, die zweite Stammburg der Nußberger; sie wurde im frühen 14. Jh. errichtet. Erhalten sind ein Wohnturm und Teile der Befestigung. Die barockisierte Schlosskapelle birgt noch Reste spätgotischer Fresken. Vom klotzigen Wohnturm hat man eine schöne Sicht auf den Höhenzug des Hinteren Bayerischen Waldes. Bei den **Burgfestspielen** (→ Feste und Festspiele, S. 103) gibt die Ruine alljährlich im Juli eine reizvolle Kulisse ab.

Hotel/Essen und Trinken

Burggasthof Sterr
Regionale und internationale Küche. Man kann entweder in der einfachen Gaststube oder im anspruchsvolleren Restaurant Ritterstube à la carte speisen. Großzügiger Spielplatz im Garten.
Neunußberg 15; Tel. 0 99 42/96 10, Fax 9 61 29; 64 Betten ★ ★ EURO VISA

Einkaufen

Glasgalerie Herrmann M
Die beste Adresse, um Glaskunst zu erwerben: Hier verkaufen die Preisträger des Bayerischen Waldes in Sachen Glaskunst ihre Werke.
Poschingerstr. 12; tgl. 9–12 Uhr

Sankt Englmar ■ B 17, S. 116

Das zwischen Pröller (1048 m) und Predigtstuhl (1024 m) liegende Sankt Englmar ist mit seinen rund 850 m das höchstgelegene Kirchdorf des Bayerischen Waldes. Hervorgegangen ist das Bergdorf, dessen Ortskern um Pfarrhaus und Kirche gruppiert ist, aus der Einsiedelei des um 1120 ermordeten Englmar. Die Erinnerung an den frommen Eremiten wird durch das volkstümliche Englmarisuchen am Pfingstmontag (→ Feste und Festspiele, S. 102) und durch sechs Tafelbilder unter der Empore der Pfarrkirche wachgehalten. Schon im 19. Jh. wurde das sonnenreiche Sankt Englmar als einer der ersten Orte touristisch erschlossen; vor allem Wintersportler haben die Loipen und Pisten der Umgebung ins Herz geschlossen. Der Gipfel des Pröller ist vom Ort aus in einer Stunde bequem zu bezwingen.

Der Ort verfügt über die längste Sommerrodelbahn 👥 des Bayerischen Waldes. Inzwischen hat man sich auch auf Mountainbiker eingestellt.

Schillernd schöne Souvenirs: Mitbringsel aus mundgeblasenem Glas sind ein »Muss«.

Hotels/andere Unterkünfte

Hotel Angerhof M M
Von dem am Südhang gelegenen Angerhof eröffnet sich ein wunderschöner Blick über St. Englmar auf das Donautal. Zahlreiche Sportangebote (Squash, Schwimmbad) stehen den Gästen zur Verfügung. Der Angerhof wurde beim Wettbewerb »Umweltbewusster Hotel- und Gaststättenbetrieb 1994« mit Gold ausgezeichnet.
Am Anger 38; Tel. 0 99 65/18 60, Fax 1 86 19; 120 Betten ★ ★ ★

Service

Auskunft

Kurverwaltung
Rathausstr. 6, 94379 Sankt Englmar; Tel. 0 99 65/84 03 20, Fax 84 03 30

Schneetelefon
Tel. 0 99 65/1 97 50

Touristischer Favorit: Die Glasstadt Zwiesel liegt inmitten eines Talkessels, umrahmt vom herrlichen Bergpanorama des Arber, Falkenstein und Rachel.

Zwiesel

■ A 11, S. 112

10 300 Einwohner

Wahrscheinlich schon im 10. Jh. bestand der Ort am Zusammenfluss (»Zwiesel«) des Großen und Kleinen Regen; angeblich sollen ihn Goldwäscher gegründet haben. 1471 erfolgte die Erhebung zum Markt, und seit 1904 darf sich Zwiesel Stadt nennen. Terrassenförmig sind die Häuser vom Ufer des Regen bis zur hochgelegenen **Stadtpfarrkirche St. Nikolaus** angeordnet. Schön anzusehen ist der stark ansteigende rechteckige Stadtplatz mit dem spätklassizistischen **Rathaus**.

Zwiesel ist alles andere als eine Stadt, die ausschließlich vom Fremdenverkehr lebt. Die Stadt ist Sitz einer bedeutenden **Glasindustrie** mit rund 2000 Beschäftigten. Die 1421 erstmals urkundlich erwähnte Hütte Theresiental ist eine der ältesten Glashütten der Welt. Wer als Glasmacher den Meistertitel führen will, muss die Staatliche Fachschule besucht haben.

Mit dem Spielzeugmuseum und dem Waldmuseum verfügt Zwiesel über zwei attraktive Museen.

Hotels/andere Unterkünfte

Chrysantihof
Das Ferien-Aparthotel bietet neben den Annehmlichkeiten eines Hotels ein großes Maß an Unabhängigkeit.

»Fein Glas und gut Holz sind Zwiesels Stolz«: Der Wahlspruch des Städtchens weist auf eine traditionsreiche Industrie.

Ein Hallenbad mit Dampfbad und
Sauna gehört zur Anlage.
Ahornweg 2–4; Tel. 0 99 22/68 81, Fax 68 83;
133 Apartments für 2–5 Personen ★ ★

Magdalenenhof
An einem Hang gelegen, abgeschieden vom Zentrum. Die modern ausgestatteten Zimmer haben entweder
Balkon oder Terrasse. Entspannung
findet man im Hallenbad.
Ahornweg 17; Tel. 0 99 22/85 60, Fax 67 08;
80 Betten ★ ★ AmEx DINERS EURO VISA

Zur Waldbahn
Traditionsreiches Haus beim Bahnhof. Der Kachelofen des Restaurants
sorgt für wohlige Wärme. Im Sommer
sitzt man auf der schönen Gartenter-
rasse. Alle Zimmer mit Balkon; Hallenbad, Sauna und Solarium im Haus.
Bahnhofsplatz 2; Tel. 0 99 22/30 01,
Fax 85 72 22; 50 Betten ★ ★ ★

Jugendherberge
Hindenburgstr. 26; Tel. 0 99 22/10 61

Camping

Azur-Ferienzentrum »Bayerischer Wald«
Komfortplatz, ganzjährig geöffnet.
Waldesruhweg 54; Tel. 0 99 22/18 47,
Fax 6 06 04

Sehenswertes

Naturparkhaus
Vielfältige Informationen über den
Naturpark Bayerischer Wald.
Theresienthal 29; Mo–Fr 10–16 Uhr; Eintritt
frei

St. Nikolaus
Der 86 m hohe Turm der neugotischen Stadtpfarrkirche ragt weit über
Zwiesel empor. Die 1891 bis 1896 erbaute dreischiffige Backsteinbasilika
wird aufgrund ihrer Größe gern als
»Dom des Bayerischen Waldes« bezeichnet.

Museen

Glasmuseum »Zum Schlößl«
Ein bunter Querschnitt durch die
Welt des Glases.
Ortsteil Theresienthal; Mo–Fr 10–14 Uhr;
Eintritt 0,80 €

Spielzeugmuseum 👫
Nostalgisches Museum für große
und kleine Kinder.
Am Stadtplatz 35; tgl. 10–17 Uhr; Nov.–24.
Dez. geschl.; Eintritt 2,50 €

Waldmuseum
Neben einer umfangreichen Samm-
lung zur Glaskunst des Bayerischen
Waldes informiert das im Rückgebäu-
de des Rathauses untergebrachte
Museum über regionale Volkskultur,
Geologie, Flora und Fauna.
Am Stadtplatz 29; im Sommer Mo–Fr 9–17,
Sa und So 10–12 und 14–16 Uhr; im Winter
tgl. 10–12, 14–17 Uhr; Eintritt 2 €

Essen und Trinken

Gasthof Rankl
Traditionsreicher Gasthof mit rustika-
lem Ambiente. Am Mittwoch gibt's
Schlachtschüssel. Eine weitere herz-
hafte Spezialität ist das geräucherte
Wammerl (Schweinebauch).
Stadtplatz 45; Tel. 0 99 22/20 91, So ge-
schl. ★

Zur Waldbahn
→ Hotels, links

Einkaufen

Das Glaswerk **Schott-Zwiesel** ist
Deutschlands größter Trinkglasher-
steller. Der Fabrikverkauf ist im Ortsteil **Theresienthal** (weitere Anbieter
→ Einkaufen, S. 101). Liebhaber von
Holzschnitzereien werden sicherlich
in einem der drei ortsansässigen Be-
triebe fündig.

Am Abend

Kino

Filmtheater Zwiesel
Dr.-Schott-Str. 7; Tel. 0 99 22/15 34

Service

Auskunft

Kurverwaltung
Stadtplatz 27, 94223 Zwiesel; Tel. 0 99 22/
13 08, Fax 56 55; www.zwiesel.de

Schneetelefon
Tel. 0 99 22/94 14 80

Ziele in der Umgebung

Bayerisch Eisenstein

■ A 10, S. 112

1800 Einwohner

Der riesige Bahnhof scheint sich nicht
recht in den kleinen Ort einfügen zu
wollen, doch ist er der Ursprung des
heutigen Ortskerns. Bayerisch Eisenstein entstand erst im Jahr 1877 mit
der Eröffnung der Bahnlinie von
Landshut nach Eisenstein und war
die Grenzstation zwischen Bayern
und Österreich, der Bahnhof ein Ge-
meinschaftsprojekt beider Länder.
Berühmt geworden ist er in den Zeiten des Kalten Krieges – zweigeteilt
markierte er das Ende der westlichen
Welt. Einen Blick sollten Sie unbedingt in das große Bahnhofsrestau-
rant werfen – ein Relikt der k. u. k.-
Zeit. Eisenbahnfreunde besuchen
das »Bayerische Localbahnmuseum«.

Museen

Bayerisches Localbahnmuseum 👫
Im unter Denkmalschutz stehenden
Lokomotivschuppen dreht sich alles
um die Eisenbahn.

Bahnhofstr. 44; April–Okt. tgl. außer Mo
10–12.30 und 14–17 Uhr, Di nachmittags
geschl.; Eintritt 3,50 €

Service

Arberwellenhallenbad
Ein Besuch lohnt nicht nur bei
schlechtem Wetter.
Tel. 0 99 25/5 54

Verkehrsamt
Schulbergstr. 1; Tel. 0 99 25/3 27, Fax 4 78

Bodenmais
■ E 8, S. 111

3500 Einwohner

Bodenmais, der erste staatlich aner-
kannte Luftkurort des Bayerischen
Waldes, ist – dank des Arbers – auch
der touristisch am besten erschlos-
sene Kurort der Region. Auf jeden
Einwohner kommen weit mehr als
hundert Gästeübernachtungen pro
Jahr! In wenigen Stunden erreicht der
Wanderer vom Zentrum der Marktgemeinde aus die Naturschönheiten
der Arberregion. In den fünfziger Jahren war Bodenmais übrigens eine Art
Vorort von Berlin: Neun von zehn aller Feriengäste kamen aus der damals geteilten Stadt!

Hotels/andere Unterkünfte

Feriengut Böhmhof
In ruhiger Hanglage etwas außerhalb
von Bodenmais. Hallen- und Freibad,
Sauna, Solarium und Whirlpool zäh-
len zum Freizeitangebot des Ferienhotels.
Böhmhof 1; Tel. 0 99 24/2 22, Fax 17 18;
75 Betten; ★★/★★★★

Hofbräuhaus
Einst war das Hofbräuhaus, das erste
Haus am Platz, im Besitz des Bayerischen Königs. Hallenbad und Sauna
gehören zur Ausstattung.
Marktplatz 5; Tel. 0 99 24/77 70, Fax
77 72 00; 150 Betten ★★/★★★

Wald- und Sporthotel Riederin
Inmitten einer ausgedehnten Parkanlage gelegen, bietet das Hotel zahlreiche Sport- und Freizeitaktivitäten. Neben einer eigenen Tennishalle und Freiplätzen begeistern das von der Zeitschrift *Schwimmbad und Sauna* mit einer Goldmedaille ausgezeichnete Erlebnishallenbad (Gegenstromanlage, Whirlpools, 3 Saunen) und das beheizte Freibad mit Liegewiese. Günstige Wochenpauschalen.
Riederin 1; Tel. 0 99 24/77 60, Fax 73 37; 110 Betten ★★/★★★

Jugendherberge
Am Kleinen Arber; Tel. 0 99 24/2 81

Sehenswertes

Silberberg
→ S. 79

Sommerrodelbahn
Die 550 m lange Sommerrodelbahn

● MERIAN-Tipp

Höllbachgespreng Eine geradezu urwaldartige Landschaft lässt sich in diesem Naturschutzgebiet am Großen Falkenstein erkunden. Der wild tosende Höllbach bahnt sich unterhalb des Großen Falkenstein, umrahmt von umgestürzten Baumriesen, seinen Weg über wild durcheinanderliegende Felsbrocken und überhängende Felshänge. An der Nordgrenze des Schutzgebiets stürzt der Höllbach als Wasserfall hinab. Die Holzfäller nutzten einst die Kraft des Baches, um die gefällten Bäume ins Tal zu befördern. Hieran erinnert noch die Höllbachschwelle, ein ehemaliger Triftteich. ■ B 10, S. 112

am Silberberg ermöglicht das winterliche Vergnügen zur sommerlichen Jahreszeit.

Waldglashütte Joska
Der größte Arbeitgeber von Bodenmais besitzt gleich zwei Filialen.
Am Moosbach 1 und Arberseestr. 4/6; Tel. 0 99 24/18 42

Museen

Raritätenmuseum
Regionale Handwerkskunst – von der Wanduhr über Schnupftabakgläser bis hin zu edlem Porzellan. Die 2000 Objekte sind das Ergebnis jahrelanger Sammlerleidenschaft.
Am Moosbach 1; Mo–Fr 9–18, Sa 9–16 Uhr; Eintritt 3 €

Service

Auskunft

Kur- und Verkehrsamt
Bahnhofstr. 56, 94249 Bodenmais; Tel. 0 99 24/77 81 35, Fax 77 81 50

Frauenau   ■ B 11, S. 112
3400 Einwohner

»Gläsernes Herz des Bayerischen Waldes« wird das alte Glasmacherdorf oft genannt. Ein Glasmuseum, eine Glasgalerie und zwei Glasfabriken haben den Ort weithin bekannt gemacht. Da ist zum einen die **Glasfabrik Poschinger**, die hier seit dem Jahr 1605 nachweisbar ist. Die Familie Poschinger wurde aufgrund ihrer großen Bedeutung für die Glasherstellung 1785 geadelt. Die **Glasfabrik Eisch** ist für ihre kunstvoll bemalten Kreationen berühmt und gilt unter Fachleuten als die Nummer eins der Glashütten des Bayerischen Waldes. Rund 150 Beschäftigte widmen sich hier der Glasproduktion.
Hüttenführungen Mo–Do 9–11.30 und 13–14.45, Fr und Sa 9–11.45 Uhr

Sehenswertes

Galerie am Museum
In den Sommermonaten stellen die Kursleiter und Schüler der internationalen Frauenauer Sommerakademie ihre Werke aus. Der Galerie schließt sich ein Glasgarten an.
Grafenauerstr. 8; Mai–Okt. sowie in den Weihnachts- und Osterferien Mo–Fr 10–12 und 14–17, Sa 10–12 Uhr

Museen

Glasmuseum
Das Spektrum des Frauenauer Glasmuseums reicht von den ersten Glasgefäßen der vorrömischen Antike über gotische Kirchenfenster und Waldglaskrüge aus dem 17. Jh. bis hin zu modernen Glasobjekten wie dem »Goldenen Telefon« des Glaskünstlers Erwin Eisch.
Am Museumspark 1; 20. Dez.–14. Mai tgl. 10–16, 15. Mai–31. Okt. 9–17 Uhr; Eintritt 1,50 €

Service

Auskunft

Tourist-Information
Hauptstr. 12, 94258 Frauenau; Tel. 0 99 26/9 41 00, Fax 17 99

Großer Arber ■ E 7, S. 111

Ein Besuch auf dem Gipfel des mit 1456 m höchsten Berges, dem »König des Bayerischen Waldes«, gehört fast schon zum Pflichtprogramm jedes Touristen. Wer den mühsamen Aufstieg scheut, kann auch bequem mit der Gondelbahn fast bis zum Gipfel fahren. Der Lift hält bei dem geräumigen Schutzhaus, das letzte Stück muss allerdings zu Fuß bewältigt werden.

Mit dem Auto ist es nur ein Katzensprung von der Talstation zum kleinen, aber sehr tiefen **Großen**

Arbersee. In einer Stunde ist das schwarz-düstere Gewässer zu Fuß umrundet. Man kann ihn auch mit Ausflugsbooten erkunden. Manch einer begnügt sich allerdings damit, das bunte Treiben vom Ufer aus bei einer Maß Bier zu beobachten. Der **Kleine Arbersee** verdankt seine Entstehung ebenfalls den eiszeitlichen Gletschern. Rund um den für seine »schwimmenden Inseln« bekannten Kleinen Arbersee geht es erheblich geruhsamer zu, denn er ist nur zu Fuß zu erreichen.

Großer Falkenstein ■ F 7, S. 111

Auch die Besteigung des Großen Falkenstein (1312 m) wird mit einer prächtigen Fernsicht belohnt. Rund um den Berg lassen sich mehrere Schachten, wie die sommerlichen Waldweiden hier genannt werden, entdecken. Von Zwieselerwaldhaus geht es hinauf zum Schutzhaus auf dem Gipfel.

Lindberg ■ A 11, S. 112

Die Attraktion des kleinen Feriendorfs Lindberg ist das von privater Seite ins Leben gerufene **Bauernhausmuseum**, zu dem ein gut ausgestatteter Bauernhof aus dem 16. Jh., eine Kapelle und ein uriges Wirtshaus gehören.
Kramergasse 4; Ostern–31. Okt. tgl. 10–17 Uhr; Eintritt 1,50 €

Ludwigsthal ■ A 11, S. 112

Von der Herz-Jesu-Kirche des Dorfes geht eine eigenartige Stimmung aus. Die einschiffige Kirche wurde im Jahr 1893/94 im – für den Bayerischen Wald völlig untypischen – neo-byzantinischen Stil erbaut. Die Glasstein-Mosaiken der Wände hinter dem Altar erinnern an die Hagia Sophia in Konstantinopel.

Rabenstein

■ A 11, S. 112

In dem idyllischen Bergdorf am Fuße des Hennenkobels stand die erste Glashütte des Bayerischen Waldes. Für die Dorfkirche St. Nepomuk wurde 1966 ein alter Schlossstadel zweck-entfremdet. Das schlossähnliche Landhaus wurde vor rund 100 Jahren vom Baron von Poschinger, dem Besitzer der Glashütte Theresienthal, errichtet.

Rißlochschlucht

■ E 7–8, S. 111

Mitten im Hochwald liegt die wildromantische Rißlochschlucht mit dem höchsten Wasserfall des Bayerischen Waldes. Man erreicht sie nach 1,5 km auf einer Wanderung von Bodenmais zum Großen Arber.

Zwieselerwaldhaus

■ F 7, S. 111

Völlig abgeschieden liegt der kleine Weiler im Hochwald. Er ist ein beliebter Ausgangspunkt für Wanderungen auf den Großen Falkenstein.

Hotels/andere Unterkünfte

Pension Tannenblick
Die besonders ruhig gelegene Pension strahlt viel Atmosphäre aus.
Zwieselerwaldhaus Nr. 24; Tel. 0 99 25/ 2 93, 25 Betten ★ ★

Essen und Trinken

Zwieselerwaldhaus
Die Küche legt Wert auf frische regionale Produkte. Schöner Biergarten mit Kinderspielplatz.
Zwieselerwaldhaus Nr. 28; Tel. 0 99 25/ 90 20 20 ★ ★

Mit einem Ruderboot kann man jeden Winkel des landschaftlich überaus reizvollen Großen Arbersees erkunden – und wer dabei zur großen Seewand hinüberruft, bekommt ein dreifaches Echo zurück ...

Ob zu Fuß, mit dem Fahrrad,

der Bahn oder dem Auto – dem »Wald« muss man sich langsam annähern. Reizvoll ist immer ein Blick über die Grenze.

Auf den verwitterten Toten-
brettern im Zellertal kann
man bisweilen makabre Sprü-
che lesen, etwa »Durch eines
Ochsen Hornesstoß kam er
in des Himmels Schoß«
(→ MERIAN-Tipp S. 43).

Durch den Böhmerwald nach Český Krumlov

Der Hauptkamm des Bayerischen Waldes verläuft längs der tschechischen Grenze. Es liegt daher nahe, einmal einen Abstecher ins Nachbarland zu unternehmen. Das Ziel ist **Krumau (Český Krumlov)**, eine Stadt wie aus dem Bilderbuch, die jahrzehntelang ein touristisch relativ unberührtes Dasein hinter dem Eisernen Vorhang fristete. Seit dem Ende des Kalten Krieges jedoch erfreut sie sich großer Beliebtheit.

Sie nehmen am besten die B 12 und fahren an Freyung vorbei in Richtung Tschechische Republik. Bei **Philippsreut** geht es über die Grenze und weiter durch den Böhmerwald. Über den alten Säumermarkt Volary (Wallern) gelangen Sie nach **Horny Planá** (Oberplan), dem Geburtsort von Adalbert Stifter, der hier am 23. Oktober 1805 als Sohn eines Leinenwebers das Licht der Welt erblickte. Stifter würde seine Heimat heute wahrscheinlich nicht sogleich wiedererkennen: Oberplan liegt nämlich nicht mehr an einer romantischen Schlaufe der Moldau, sondern an dem seit 1959 entstandenen, von kleinen Badeorten, Pensionen und Ferienhäusern gesäumten **Lipno-Stausee**.

Verlässt man das Ufer des Stausees bei Černá v Pošumaví, so erreicht man in einer Viertelstunde das 21 Kilometer entfernte **Krumau**. Zum Parken eignet sich der große Parkplatz nördlich des Schlossbergs. Malerisch liegt das 15 000 Einwohner zählende Städtchen in einer Moldauschlaufe. Den Zweiten Weltkrieg hat Krumau ohne Zerstörungen überstanden. Dreihundert denkmalgeschützte Häuser zählt die Altstadt, darunter so manches Kleinod mit bleigefassten Butzenscheiben.

Der runde Turm der von einer Felsschlucht zweigeteilten Schlossanlage ist das Wahrzeichen der Stadt. Seit dem 13. Jahrhundert entstand hier eine mächtige **Burganlage** (montags geschlossen), die an Größe und Pracht nur noch vom Prager Hradschin übertroffen wird. Als letzte Herren von Krumau richteten die Fürsten von Schwarzenberg

Freyung
14 km 12
Philippsreut

40 km

Horny Planá

25 km

Lipno-Stausee

Krumau

Burganlage
Maskensaal

im 18. Jahrhundert ihr besonderes Augenmerk auf eine repräsentative Ausstattung des Schlosses: Die einzigartige illusionistische Rokokomalerei im **Maskensaal** des Schlosses wirkt verwirrend skurril, der Spiegelsaal einladend repräsentativ. Zur Entspannung der Fürstenfamilie diente der weitläufige wie schöne **Barockgarten** mit dem Lustschloss Bellaria (nur von April bis Oktober zugänglich).

Jenseits der Moldau schmiegt sich die eigentliche Altstadt in eine Flussschleife. An ihrem höchsten Punkt erhebt sich die gotische **St.-Veits-Kirche**, in deren Innerem der barocke Hochaltar sehenswert ist. Mitten im Labyrinth der Altstadtgassen liegt der wunderschöne Stadtplatz mit dem alten Rathaus.

Für Freunde moderner Kunst hält Krumau eine besondere Attraktion bereit: In den großzügigen Räumlichkeiten der ehemaligen städtischen Brauerei wurde ein **Egon-Schiele-Zentrum** eingerichtet (täglich 10 bis 18 Uhr). Schiele hatte nämlich eine Zeit lang in Krumau, der Heimatstadt seiner Mutter, gelebt und dabei für so manchen Skandal gesorgt. Für den Rückweg bietet sich ein Abstecher nach **Prachatice** (Prachatitz) an.

Dauer: Tagesausflug; **Gesamtstrecke ab Grenze:** 155 km; **Karte:** → S. 119

Burganlage
Maskensaal

Barockgarten

St.-Veits-Kirche

Egon-Schiele-Zentrum

35 km

○ **Prachatice**

Idyllisch an der Moldau gelegen: Český Krumlov.

Die Donau entlang

Eine gemütliche Tour mit zahlreichen kulturellen Höhepunkten: Zwischen Regensburg und Passau verläuft einer der beliebtesten deutschen Fahrradwanderwege. Der **Donau-Radwanderweg** wird mit Vorliebe von Familien und sich gemütlich voranbewegenden Radtouristen befahren. Der ausgesprochen gut gekennzeichnete Weg verläuft fast ausschließlich am nördlichen Donauufer ohne große Steigungen in unterschiedlicher Entfernung zum Fluss. Man radelt größtenteils auf asphaltierten Wegen, manchmal auch auf unbefestigtem Untergrund; auf der letzten Etappe vor Passau ist der Weg etwas schwerer auszumachen.

Regensburg	
8 km	
Walhalla ✳	
19 km	
Wörth an der Donau	
55 km	
Deggendorf	
10 km	
Hengersberg	
Vilshofen	
50 km	
Passau	

Bereits wenige Kilometer hinter **Regensburg**, auf einer Anhöhe östlich von Donaustauf, ragt die **Walhalla** in klassischer Schönheit empor: ein erster Höhepunkt der Radtour! Vorbei an dem traditionsreichen Städtchen **Wörth an der Donau** geht es weiter durch die liebliche Auenlandschaft des Donautals nach **Straubing** und **Deggendorf**. Beide Städte besitzen einen wunderschönen lang gestreckten Markplatz mit Stadtturm, das signifikante Merkmal niederbayerischer Städte. Einen Zwischenstopp lohnt auch die Kleinstadt **Hengersberg** am linken Ufer. Wenn Sie **Vilshofen** am gegenüberliegenden Donauufer ausmachen können, ist die letzte Etappe nach **Passau** eingeläutet. Wer will, kann auch noch ein paar Kilometer weiter flussabwärts bis Obernzell radeln.

Selbstverständlich können Sie auch Teilstrecken dieser Radtour befahren. Zurück zum Ausgangspunkt geht es wahlweise mit dem Rad oder – von Straubing nach Regensburg sowie von Passau nach Deggendorf – mit dem Schiff: Manche Donauschifffahrtsgesellschaften bieten eine kostenlose Fahrradbeförderung an.

Dauer: Sportliche Naturen können die Strecke an einem Tag bewältigen. Wer geruhsam radelt und sich Zeit nimmt, die eine oder andere Sehenswürdigkeit in Augenschein zu nehmen, sollte zwischen zwei und vier Tagen einplanen; **Länge:** ca. 150 km; **Karte:** → S. 114–118

Auf dem Goldenen Steig

Diese Wanderung auf den historischen Spuren der Salzsäumer führt zu einem verlassenen Bergdorf. Ein Teilstück der am häufigsten benutzten Route zwischen **Waldkirchen** und **Bischofsreut** wurde hier ausgewählt. Ausgangspunkt ist die spätgotische St.-Nikolaus-Kapelle in **Grainet**. Am oberen Ende des Platzes steht eine Wandertafel; eine Hinweistafel mit einem Säumer-Motiv, dem Sie bis **Leopoldsreut** folgen, weist den Weg bergauf. Von dem verlassenen Dorf zeugen nur noch die Kirche und Schule. Der schneereichen Winter und des harten Lebens überdrüssig geworden, machten sich die Bewohner einst auf, um anderswo ihr Glück zu suchen. Die letzte Familie zog erst 1962 fort.

Ein paar hundert Meter nach den Häusern geht es linker Hand durch ein kurzes Waldstück, danach erreichen Sie wieder die geteerte Straße. Vorbei am Sportplatz kommen Sie zu einer Gabelung, an der Sie sich rechts halten müssen. Zehn Minuten später endet der befestigte Weg. Am Hochwasserbehälter geht es wieder in den Wald hinein. Sie wandern unterhalb der **Hochsteinschanze** über eine kleine Lichtung zu einer Schutzhütte, wo der zu einem Hohlweg ausgeformte Goldene Steig durch einen Mischwald führt.

Der Ort Grainet wird bereits 1256 als Säumerstation am Goldenen Steig erwähnt.

Haben Sie die befestigte Straße erreicht, folgt nach einem Kilometer Leopoldsreut. Um wieder zum Ausgangspunkt zu gelangen, muss man von Leopoldsreut aus das letzte Stück zurückgehen, hierbei können Sie noch den 1167 Meter hohen **Haidel** besteigen. Der Weg hinauf zum flachen Gipfel und auf der anderen Seite hinunter nach Obergrainet ist mit einer roten 5 markiert. Nach drei Kilometer Abstieg durch den Graineter Wald tauchen die ersten Häuser von **Obergrainet** auf. Ein grandioser Panoramablick bietet sich dem Wanderer zum Abschluss, bevor es auf einer kleinen Nebenstraße über Hobelsberg nach Grainet zurückgeht.

Auf dem Haidel steht ein Fernsehturm und ein 25 Meter hoher, hölzerner Aussichtsturm, der eine hervorragende Rundumsicht bietet.

Dauer: ca. 4 Stunden; **Länge:** 14 km; **Karte:** → S. 119

✹ ⑥ Rachel und Rachelsee

*Das Rachelschutz-
haus, genannt Wald-
schmidthaus, wird
von Mai bis Oktober
bewirtschaftet.*

Dieser etwa zehn Kilometer lange Rundwander-
weg – seine Markierung ist ein Auerhahn – ist
sicherlich eine der eindrucksvollsten Varianten, den
Nationalpark Bayerischer Wald kennen zu lernen.
Die gut ausgeschilderte Route beginnt am **Wanderparkplatz Gfäll**. Gleich zu Beginn führt der Weg
durch einen Mischwald hindurch stetig bergauf zum
Waldschmidthaus, einer nur im Sommer betriebe-
nen, zünftigen Brotzeitstation. Rechter Hand geht
es zum Seeblick. Von hier aus dauert es noch eine
Viertelstunde, bis der 1453 Meter hohe Gipfel des
Rachel erreicht ist. Nur drei Meter fehlen – sonst
wäre der Rachel neben dem Arber die höchste Erhebung des Bayerischen Waldes. Im harten Gneis
des Berges ist ein Kreuz verankert. Auf dem kahlen
Gipfel eröffnet sich dem Wanderer ein grandioser
Panoramablick über das Urwaldreservat; an schönen Tagen ist die Fernsicht schier endlos.

*Achtung: Das
gesamte Rachel-
gebiet steht unter
Naturschutz – die
markierten Wege
dürfen nicht verlas-
sen werden.*

*Gipfelblick: Der
Aufstieg lohnt sich!*

Lassen Sie auf dem – bis weit in den Sommer
schneebedeckten – Weg zur **Rachelkapelle** den
Blick schweifen, werden Sie mächtige spitzkronige
Fichten und mehrhundertjährige Tannen ebenso
entdecken wie knorrige Altbuchen. Die Stille der

Landschaft wird nur vom Zwitschern der Vögel, dem Plätschern der talwärtsstrebenden Rinnsale und anderen Wanderern unterbrochen.

Schließlich taucht die malerisch gelegene, hölzerne Rachelkapelle auf. Von hier geht es durch die Seewand hinunter zum **Rachelsee**. Achtung: Der Weg erfordert festes, wasserabweisendes Schuhwerk! Aus Naturschutzgründen ist nur eine Seite des von uralten Buchenwäldern und steil aufragenden Felswänden gesäumten Gewässers zugänglich. Der rund 17 Meter tiefe Rachelsee ist durch abgestorbene Bäume und Geröll stark verschlammt und so sauer, dass kein Fisch mehr darin schwimmt. Zuletzt geht es eineinhalb Stunden lang ohne große Schwierigkeiten zügig zum Ausgangspunkt zurück.

Anfahrt: Vom 15. Mai bis zum 31. Okt ist für Privatautos keine Zufahrt zum Wanderparkplatz Gfäll möglich. Von Spiegelau verkehrt alle 30 Min. der »Igel-Bus« bis Gfäll (Fahrpreis 1 €); **Dauer:** 4–5 Stunden

Der Legende nach soll ein Forstmeister, der sich im Nebel bis an die steil abfallende Seewand verirrt hatte und nur durch den Instinkt seines Pferdes gerettet wurde, die Kapelle gestiftet haben.

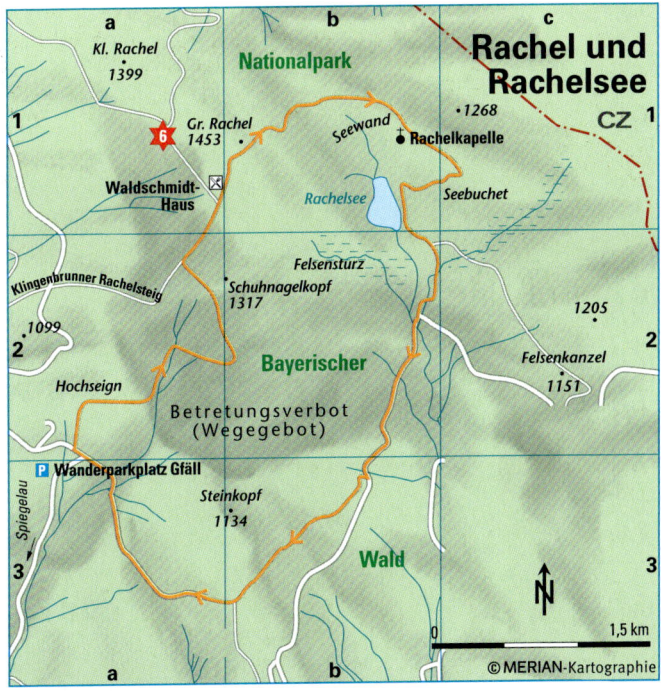

Die wichtigsten Adressen und

Infos zum »Wald«: von der Anreise über Glashütten bis zur Geschichte gestern und heute.

Reine Männersache: Beim Pfingstritt durch Kötzing treffen sich mehrere hundert Reiter (→ S. 102).

Anreise

Mit dem Auto

Der Auto- wie auch der Schienenverkehr verläuft hauptsächlich entlang der Donau. Autofahrer aus dem Münchner Raum erreichen den Bayerischen Wald auf der Autobahn entweder über Landshut und Deggendorf (**A 92**) oder über Regensburg (**A 93**). Bei der Anreise aus dem übrigen Bundesgebiet empfiehlt sich die **A 3**; sie führt von Nürnberg über Regensburg entlang der Donau nach Passau und weiter nach Wien. Auch wer aus dem Westen über Heilbronn (**A 6**) kommt, sollte ab dem Autobahnkreuz Nürnberg die A 3 benutzen. Regensburg ist von Berlin etwa gleich weit entfernt wie von Köln: nämlich ca. 515 km. Von Stuttgart nach Regensburg sind es exakt 300 km, Frankfurter müssen 334 km zurücklegen.

Durch den Bayerischen Wald verlaufen vier große Bundesstraßen: Die wichtigste ist die **Ostmarkstraße** (B 85), eine landschaftlich sehr reizvolle Ferienstraße, die von Bayreuth kommend über Cham mit Passau verbindet. Die drei anderen Bundesstraßen führen von der Donau durch den Bayerischen Wald hindurch in Richtung Tschechische Republik.

Mit der Bahn

Von Hamburg über Hannover und Würzburg fährt täglich der **IC »Rottaler Land«** in den Bayerischen Wald; er hält in Regensburg, Straubing, Plattling und Passau. Münchner reisen je nach Zielort entweder über Regensburg, Plattling oder Passau an. Nachdem in den letzten Jahren zahlreiche unrentable Bahnstrecken eingestellt wurden, können mit der Eisenbahn nur noch wenige Städte im Bayerischen Wald erreicht werden. Die wichtigste Querverbindung ist die Strecke von Deggendorf über Zwiesel in die Tschechische Republik. Sehr günstig ist das Bayern-Ti-

cket, mit dem bis zu 2 Erwachsene und 3 Kinder für 18 € von Montag bis Freitag (9–16 und 18–2 Uhr) auf allen Nahverkehrszügen quer durch Bayern fahren können. Weitere Auskünfte erhalten Sie unter der Rufnummer 0 18 05/99 66 33 sowie an Bahnhöfen.

Mit dem Flugzeug

In Straubing gibt es zwar einen Landeplatz für Rund-, Charter- und Zubringerflüge von Motor- und Segelflugzeugen, doch Reisende aus größeren Distanzen sind faktisch auf die beiden nächstgelegenen Verkehrsflughäfen München und Nürnberg angewiesen.

Auskunft

Die Fremdenverkehrseinrichtungen der Städte und Ortschaften versenden auf Anfrage Prospekte, Unterkunftsverzeichnisse sowie spezielles Informationsmaterial über Pauschalangebote (→ Service bei den einzelnen Orten). Umfangreiche allgemeine Auskünfte und Prospektmaterial bekommen Sie beim:

Tourismusverband Ostbayern
■ f 5, Klappe hinten
Luitpoldstr. 20, 93047 Regensburg; Tel. 09 41/58 53 90, Fax 5 85 39 39; Internet: btl.de/ostbayern

Einkaufen

Im Laufe der Jahrhunderte wurde die hohe Kunst des Glasmacherhandwerks gepflegt und bis zur Vollkommenheit weiter entwickelt. Es ist immer wieder überwältigend zu beobachten, wie aus einer bis zu 1480 Grad Celsius heißen, rotglühenden Masse fantastisch schöne **Gläser** entstehen. Spezielle, wohlgehütete Glasschmelzverfahren verleihen dem Glas seine unnachahmliche Reinheit. Mit einer langen Pfeife holen sich die Glasbläser etwas von dem feurigen

Gebilde, drehen und schwenken das »Kölbel«, blasen wohldosiert hinein, bis die gewünschte Form erreicht ist. Dann wird das erhitzte Glas über Stunden hinweg in einem speziellen Ofen auf Raumtemperatur heruntergekühlt, damit es nicht zerbirst. Erst durch dieses als »Tempern« bezeichnete Verfahren erlangt das Glas seine Formbeständigkeit und Härte.

In den großen Fabriken von Zwiesel und Riedlhütte erfolgt die Glasherstellung nach modernsten Produktionstechniken. Wahre Ästheten würden zwar niemals ein maschinell gefertigtes Glas erstehen, doch spielt für den Konsumenten beim Kauf doch der Preis allzu oft die entscheidende Rolle.

Wo auch immer Sie Glas direkt beim Produzenten einkaufen, sollten Sie unbedingt an einer kurzen Führung durch die Glashütte teilnehmen. Alle Glashütten bieten ihre Produkte in einem angeschlossenen Fabrikverkauf feil. Sie können dort Gläser zu einem Preis erstehen, der rund ein Drittel unter demjenigen Ihres heimischen Haushaltswarengeschäftes liegt. Vielerorts gibt es kleine Glasveredelungsbetriebe, die Glasobjekte mittels Schnitt, Gravur, Ätzung oder Malerei verzieren. Das Ergebnis sind kunstvolle, exquisite Unikate mit einer individuellen Note.

Das Holz des Bayerischen Waldes verwendet man nicht nur zur Glasproduktion, sondern schnitzt daraus auch kostbarste Gebilde, die Liebhaber rustikaler Einrichtungen in den heimischen vier Wänden zu schätzen wissen. In vielen **Holzschnitzereien** können Sie das Entstehen der kleinen Kunstwerke mitverfolgen.

Ein besonderes Mitbringsel ist der **Schnupftabak**, am besten in einem kunstvollen, handgemachten Schnupftabakbehältnis aus Glas. Der erfahrene Schnupfer genießt einen vollgereiften Tabak, vorzugsweise Virginia, Kentucky oder brauner Brasil.

Glashütten:
Ambiente ■ A 2, S. 112
Frauenauer Str. 110, 94227 Zwiesel;
Mo–Fr 9–17 Uhr

Entfernungen (in km) zwischen wichtigen Orten im Bayerischen Wald

	Cham	Deggendorf	Freyung	Kötzting	Passau	Regen	Regensburg	Straubing	Viechtach	Zwiesel
Cham	–	58	102	17	105	52	52	38	30	63
Deggendorf	58	–	65	45	48	25	69	34	33	36
Freyung	102	65	–	89	35	50	135	100	77	45
Kötzting	17	45	89	–	93	39	69	60	12	38
Passau	105	48	35	93	–	62	115	72	81	73
Regen	52	25	50	39	62	–	94	61	27	11
Regensburg	52	69	135	69	115	94	–	32	82	105
Straubing	38	34	100	60	72	61	32	–	45	72
Viechtach	30	33	77	12	81	27	82	45	–	38
Zwiesel	63	36	45	38	73	11	105	72	38	–

**Freiherr von Poschingersche
Krystallglasfabrik** M ■ B 11, S. 112
Moosauhütte, 94258 Frauenau; Mo–Fr
10–13.15 Uhr

Glasbläserei Schmid ■ A 11, S. 112
Stadtplatz 36, 94227 Zwiesel; Mo–Fr
10–18, Sa 10–16 Uhr

Joska Waldhütte ■ E 8, S. 111
Arberseestr. 4/6, 94249 Bodenmais;
Mo–Fr 9–11.45 und 13–15.30, Sa 9–14 Uhr

Kristallglasfabrik Spiegelau
■ C 12, S. 112
Hauptstr. 4, 94518 Spiegelau; Führungen
Mo–Fr 9–12.30, Sa 9.30–11 Uhr

**Nachtmann
Bleikristallwerke** ■ C 12, S. 112
Geheimrat-Frank-Straße, 94568 St. Oswald
Riedlhütte; Mo–Fr 9–13 Uhr

Schott-Zwiesel ■ A 11, S. 112
Theresienthal 51, 94227 Zwiesel; Mo–Fr
9.30–18, Sa 9.30–14 Uhr

**Theresienthaler
Krystallmanufaktur** ■ A 11, S. 112
Theresienthal 25, 94227 Zwiesel; Mo–Fr
9.30–14, Sa 9.30–13 Uhr

Valentin Eisch Glashütte M M
■ B 11, S. 112
Am Steg 7, 94258 Frauenau; Mo–Fr
9–11.45 und 13–14.45, Sa 9–11.45 Uhr

Feste und Festspiele

Februar/März
Politischer Aschermittwoch
Volkstümliche Kraftmeierei der bayerischen Politiker. Die CSU verkündet
ihre Sicht der Dinge in der Passauer
Nibelungenhalle, die SPD die ihrige
in Vilshofen im Wolferstetter Keller.

Mai/Juni
Wallfahrt auf den Bogenberg
Am Pfingstsonntag tragen die Pilger
aus Holzkirchen bei Ortenburg aufgrund eines Gelübdes die »lange
Stange« auf den Bogenberg. Unter
großer Anteilnahme der Bevölkerung
wird der 13 m lange, mit rotem Wachs
umwickelte Fichtenstamm hinauf zur
Kirche gebracht.

Kötztinger Pfingstritt
Mehr als 800 Reiter treffen sich alljährlich am Pfingstmontag in Kötzting
zur größten bayerischen Pferdewall-
fahrt. Ihr Weg führt sie zur Wallfahrtskirche St. Nikolauskirche im
7 km entfernten Steinbühl, um dort
an einem Gottesdienst teilzunehmen.
Das Ereignis geht auf ein Gelöbnis
aus dem Jahr 1412 zurück.

Englmarisuchen
Am Pfingstmontag ziehen die Bewohner von St. Englmar in den Wald, um
ihren Ortspatron zu suchen und die
lebensgroße Holzstatue des Heiligen
anschließend in die Pfarrkirche zu
bringen.

Europäische Wochen
Die Dreiflüssestadt Passau lädt seit
1952 Künstler verschiedener Kunst-
gattungen ein: Musiker, Tänzer,
Schauspieler und Dichter. Umrahmt
wird das Ereignis von Ausstellungen
zeitgenössischer Kunst.
Mitte Mai–Anfang August

Juli
Pichelsteiner-Fest
Die Waldstadt Regen feiert fünf Tage
lang die Erfindung des berühmten
Eintopfgerichtes.
Ende Juli

Trenck, der Pandur
Historisches Schauspiel in Waldmünchen über den berüchtigten
Pandurenführer Franz Freiherr von
der Trenck. Dieser zog 1742 im Österreichischen Erbfolgekrieg brand-
schatzend durch Ostbayern, ver-
schonte aber Waldmünchen.
Juli und August

Burghofspiele in Falkenstein
Unter professioneller Regie führen
Laienschauspieler seit 1976 in der
sanierten Burganlage Falkenstein
Klassiker, Volksstücke und Komö-
dien auf.
Juli und August

Lichtenegger Festspiele
Die bei Rimbach am Fuß des Hohen
Bogen gelegene Burgruine Lichte-
negg ist Schauplatz der historischen
Festspiele.
Juli und August

Burgfestspiele Neunußberg
Der Juli ist wahrhaft ein beliebter Monat für Freilichtspiele! Mit mittelalterlichen Fürsten und wilden Reiterspie-
len gedenkt man auch hier auf dem
Neunußberg einem lokalgeschichtli-
chen Ereignis.
Juli und August

August
Agnes-Bernauer-Festspiele
Im vierjährigen Turnus (das nächste
Mal 2003) wird in Straubing das
tragische Ende der Augsburger Baderstochter Agnes inszeniert.

Further Drachenstich 👭
Beim ältesten bayerischen Volksschauspiel wirken mehr als 1000
Akteure und 200 Pferde mit. Höhepunkt der Veranstaltung ist der Auftritt des technisch perfekt ausgestatteten feuerspeienden Drachens:
Zwei Personen sitzen im Inneren und
steuern das knapp 18 m lange und
5 m hohe Ungetüm, das schließlich
von einem Lanzenstich getroffen
röchelnd verblutet. Ritter Udo, der
Drachentöter, reitet gegen Tod, Teu-
fel, menschliche Niedertracht und für
die Liebe zum schönen Burgfräulein.
Wer nicht im August nach Furth im
Wald kommt, sollte wenigstens den
Drachen im Landestormuseum besichtigen.
Zweites und drittes Augustwochenende

Salzsäumerfest
In prächtige Gewänder gehüllt,
ziehen die Säumer mit beladenen
Pferden in Grafenau ein.
Erster Samstag im August

Gäubodenfest
Das zweitgrößte Volksfest Bayerns
findet in Straubing statt. Rechnet
man die Touristen und Nicht-Bayern
von der Gesamtzahl der Münchner
Oktoberfestbesucher ab, ist es wahrscheinlich sogar das größte …
Mitte August

Arberkirchweih
Auf dem Arber, dem höchsten Gipfel
des Waldgebirges, wird ein ausgelas-
senes Fest gefeiert.
Am Sonntag vor oder nach Bartholomäus
(24. August)

Dezember
Weihnachtsmärkte
In Passau, Straubing und Regensburg

Geologie

Der Bayerische Wald zählt zu den ältesten Gebirgen der Erde. Vor über
500 Millionen Jahren entstanden jene
Gesteinserhebungen aus **Granit** und
Gneis, die von Klima und Witterung
zu den schroffen, als »Bayerwaldkö-
nige« gerühmten Berggipfeln – **Arber,
Rachel, Lusen und Dreisessel** – geformt wurden. Der Hauptkamm des
Bayerischen Waldes, der vom **Hohen
Bogen** bis zum Dreisessel weitgehend entlang der Staatsgrenze verläuft, wird von Granitkuppen und
-klippen geprägt, die aus einem lang
gestreckten Gneisrücken herausra-
gen, stellenweise erreicht die sanft
anmutende Kammlinie eine Höhe von
über 1300 m, der **Große Arber** ragt
gar 1456 m empor. Der Gebirgszug
des aus der fruchtbaren Donauebene
aufsteigenden **Vorderen Waldes**
überschreitet nur selten eine Höhe
von 1000 m.

Eine geologische Merkwürdigkeit ist der **Pfahl**, eine fast 150 km lange, helle Quarzschicht, die den gesamten Bayerischen Wald unterirdisch längs des Regentals durchzieht, jedoch immer wieder mit eindrucksvollen, bis zu 100 m hohen Riffen an die Oberfläche tritt.

Reisewetter

In den höheren Lagen des Bayerischen Waldes herrscht ein raues, typisches Mittelgebirgsklima: Dem langen, strengen Winter, der bis Ende April andauern kann, folgt ein kurzer, farbenfroher Frühling. Auf den Berggipfeln muss man immer mit einer schlechten Witterungslage rechnen. Dafür herrscht von Mitte April bis Juni und Mitte August bis September nahezu ideales Wanderwetter. Bereits ab Ende Oktober kann es wieder zu Schneefällen kommen; ein kalter Ostwind weht, und der Wald verwandelt sich monatelang in ein »bayerisches Sibirien«.

Die provokante Behauptung, im Bayerischen Wald herrsche drei Viertel des Jahres Winter und in der restlichen Zeit sei es kalt, sollten Sie nicht zu ernst nehmen – die zugegeben manchmal extremen Winter früherer Zeiten scheinen sich mittlerweile immer seltener zu wiederholen.

Sprache

Im Bayerischen Wald wird ein besonderer Dialekt des Altbayerischen gesprochen, der sich durch zahlreiche Doppelvokale, großen Wortreichtum und bildhafte Begriffe auszeichnet. Im Großen und Ganzen herrschen im Bayerischen Wald drei verschiedene Mundarten vor: Im nördlichen Teil, so beispielsweise in Cham, wird ein nordbayerisch-oberpfälzer Dialekt gesprochen, die am Oberlauf des Regen gesprochene Mundart ist besonders reich an Selbstlauten, während

die Aussprache im Südosten des Bayerischen Waldes eindeutig mittelbayerisch geprägt ist. Auffällig für die beiden letzteren Dialektformen ist die Auflösung des Konsonanten »l«: Holz wird zu Hoiz, kalt zu koid.

Verkehrsverbindungen

Mit der Eisenbahn

Wie in allen dünn besiedelten Regionen Deutschlands hält sich das Angebot öffentlicher Verkehrsmittel auch im Bayerischen Wald in Grenzen. Dennoch erreicht man zumindest mit dem Bus alle größeren Ortschaften des Waldgebirges. Nur noch wenige Orte sind an das Schienennetz der Deutschen Bahn angeschlossen. Selbst dem als Sehenswürdigkeit bestaunten Grenzbahnhof Bayerisch Eisenstein drohte die Schließung, die erst durch die Grenzöffnung im Osten abgewendet werden konnte: Die herrliche, über kühne Viadukte führende Strecke von Deggendorf nach Bayerisch Eisenstein blieb erhalten. Den Oberen Bayerischen Wald erschließt die Linie von Regensburg über Cham bis nach Furth im Wald bzw. Lam. Eine weitere kleine Verbindung besteht zwischen Zwiesel und Grafenau sowie zwischen Zwiesel und Bodenmais.

Von Viechtach nach Gotteszell verläuft entlang des Schwarzen Regen eine romantische Bahnlinie, der **Bärwurzkurier**, die an den Wochenenden von Mai bis Oktober von privaten Investoren betrieben wird.

Schiffe und Boote

Die **Ilz** und der **Regen** sind ideale Gewässer für Wildwasserfreaks wie auch für gemütliche Bootswanderer. Auf der **Donau** zwischen Passau und Regensburg herrscht in den Sommermonaten reger Schiffsverkehr. In Passau können Sie sogar zu einer Dreiflüsse-Rundfahrt starten. Weitere Informationen und genaue Fahrpläne gibt es bei den Donauschiffern:

Gebrüder Wurm + Co ■ B 18, S. 116
Donaustr. 71, 94342 Irlbach;
Tel. 0 94 24/13 41

Wurm + Köck ■ c 1/d 2, S. 53
Höllgasse 26, 94032 Passau;
Tel. 08 51/92 92 92

Wirtschaft

Jahrhundertelang fußte der recht bescheidene Wohlstand der Bewohner des Bayerischen Waldes auf der Landwirtschaft und dem Holzreichtum; Letzterer war eine unverzichtbare Voraussetzung für die Glasindustrie. »Fein Glas und gut Holz sind Zwiesels Stolz«, lautet denn auch ein alter Reim. Industrie- und Gewerbeansiedlungen drangen kaum in den Wald vor, so dass die Bewohner zu den Donaustädten und in die Industriezentren Bayerns auspendeln mussten. Durch die Grenzöffnung der Ostblockstaaten entstand eine neue, ernstzunehmende Konkurrenz. Auch viele deutsche Firmen verlagerten ihre Produktion wegen der geringen Lohnkosten in die benachbarte Tschechische Republik. Schließlich bleibt noch der Fremdenverkehr: Nahezu jeder zehnte Bewohner des Bayerischen Waldes verdient sein Geld direkt oder indirekt durch den Tourismus.

Zoll- und Grenzverkehr

Die nahen Grenzen zu Österreich und der Tschechischen Republik verlocken viele Touristen zu einem kurzen Abstecher. Ein gültiger Personalausweis oder Reisepass genügt. Wanderer und Radfahrer, die bei ihren Streifzügen nach Böhmen vordringen, können die Grenze bequem ohne Formalitäten passieren.

Zu den **Zollbestimmungen**: Während für Österreich die üblichen Richtlinien der Europäischen Union Gültigkeit haben, Sie also Waren für den persönlichen Verbrauch ohne Wertbeschränkung einführen dürfen, gelten für die Tschechische Republik andere Bestimmungen. Erlaubt sind z. B. für jede Person über 17 Jahre eine Stange Zigaretten, ein Liter hochprozentiger Spirituosen, 50 Gramm Parfum etc.

Die Klimadaten von Passau

		Januar	Februar	März	April	Mai	Juni	Juli	August	September	Oktober	November	Dezember
Durchschnittl.	Tag ☀ Temp. in °C	1,3	3,8	10,0	15,1	19,5	22,4	24,0	23,4	20,8	14,0	7,5	2,8
	Nacht ☾	-5,4	-4,4	-0,5	3,4	7,2	11,1	13,0	12,5	8,9	4,5	0,8	-3,0
	Sonnenstunden pro Tag ☀	1,7	2,6	2,6	5,5	6,3	7,7	8,0	6,9	5,8	4,0	1,8	1,4
	Regentage 🌧	11	11	8	9	10	12	13	12	10	9	9	11

Quelle: Deutscher Wetterdienst, Offenbach

Stein- und Bronzezeit
Erste Spuren menschlicher Besiedlung der Waldlandschaft.

ab dem 5. Jh. v. Chr.
Die Kelten lassen sich im Donautal nieder und gründen Radaspona (Regensburg).

1. und 2. Jh. v. Chr.
Die Römer weiten ihr Imperium bis zum Südufer der Donau aus und lassen sich in Regensburg, Straubing und Passau nieder.

233 n. Chr.
Wahrscheinliche Zerstörung des römischen Sorviodurum (Straubing) durch die Alemannen.

zwischen 440 und 460
Das Christentum breitet sich verstärkt im Donauraum aus. Valentin wird erster bezeugter Bischof von Passau.

6. Jh.
Der Stamm der Bajuwaren besiedelt das Land zwischen Lech, Donau und Alpenrand. Die von den Franken abhängigen Agilolfinger-Herzöge beherrschen das Gebiet, bis Karl der Große 788 Herzog Tassilo II. absetzt und ins Kloster verbannt; Bayern wird Teil des Karolingerreichs.

739
Bonifatius gründet das Bistum Regensburg und bestätigt die Gründung des Passauer Bistums; Letzteres stand einer zum größten Teil österreichischen Diözese vor, zu der bis 1722 auch Wien gehörte.

ab dem 8. Jh.
Die Rodungsklöster Metten, Niederalteich und Pfaffmünster machen Teile des Bayerischen Waldes bewohnbar.

999
Die Passauer Bischöfe werden zu Stadtherren ernannt.

1180
Der Stauferkaiser Friedrich Barbarossa belehnt den Wittelsbacher Otto I. mit dem Herzogtum Bayern.

12. und 13. Jh.
Eine intensive Kolonisation des Bayerischen Waldes beginnt: Es entstehen u. a. die Märkte Cham, Freyung, Grafenau, Kötzting, Lam, Regen, Viechtach, Waldkirchen und Zwiesel.

1242
Die mächtigen Grafen von Bogen sterben aus. Von ihnen stammt das weißblaue bayerische Rautenwappen.

1245
Regensburg, das schon seit dem Hochmittelalter eine der hedou tondsten Städte Deutschlands war, wird zur Reichsstadt erhoben.

1435
Im Oktober lässt Herzog Ernst die Baderstochter Agnes Bernauer, die sein Sohn heimlich geheiratet hatte, bei Straubing in der Donau ertränken.

1503–1505
Der Landshuter Erbfolgekrieg führt zur Vereinigung Ober- und Niederbayerns mit Teilen der Oberpfalz.

1552
Im Passauer Vertrag werden die Grundlagen für den Augsburger Religionsfrieden von 1555 festgelegt, der den Protestanten die Gleichberechtigung zugesteht und die wesentliche Bestimmung enthält, dass der Landesherr die Konfession seiner Untertanen festsetzen kann.

1663
In Regensburg tagt der »Immerwäh-
rende Reichstag« bis zum Ende des
Alten Reichs im Jahre 1806.

1803
Das Hochstift Passau und die Besitz-
tümer aller Klöster werden säkulari-
siert und dem bayerischen Staat zugeschlagen.

1806
Bayern wird Königreich. Erster
König ist Maximilian I. Joseph.

1830–1842
Im Auftrag König Ludwig I. von Bayern errichtet Leo von Klenze am Ufer
der Donau die Walhalla, ein deut-
sches Nationaldenkmal im Stile eines
griechischen Tempels.

1846
Bernhard Gruber und Adalbert Müller
veröffentlichen den ersten Reiseführer über den Bayerischen Wald.

1877
Eröffnung der Eisenbahnstrecke von
Plattling nach Bayerisch Eisenstein.
Ein neues Verkehrszeitalter beginnt.

1918
Am 7. November ruft der Journalist
und Revolutionär Kurt Eisner die
Republik aus. Die fast 800 Jahre wäh-
rende Herrschaft des Hauses Wittels-
bach ist beendet, Bayern wird Freistaat.

1933
Nationalsozialistische Machtüber-
nahme durch die Gleichschaltung
Bayerns.

1945
Der Bayerische Wald wird Teil der
amerikanischen Besatzungszone. Die
Bevölkerung wächst erheblich durch
den Zuzug Heimatvertriebener.

1949
Mit der Gründung des Fremdenver-
kehrsverbandes Ostbayern beginnt
die touristische Erschließung des
Waldgebirges.

1950
Sensationeller Fund des Straubinger
Römerschatzes bei den Aushubarbei-
ten zu einer Kläranlage.

1959
Die Elektrizität dringt bis in den letzten Winkel des Bayerischen Waldes
vor.

1962
Erster Einsatz eines Motorschnee-
pflugs. Die Bewohner von Mitterfirmiansreut müssen nun nicht mehr
fürchten, im Winter monatelang ein-
geschneit zu sein.

1970
Der Naturpark Bayerischer Wald wird
als erster seiner Art in Deutschland
eröffnet.

1981
Der Nationalpark Bayerischer
Wald wird von der UNESCO zum
Biosphärenreservat ernannt.

1990
Durch den Zerfall des Ostblocks
verliert der Bayerische Wald seinen
Grenzlandstatus und rückt quasi wieder ein Stück in die Mitte Europas.

1997
Trotz heftiger Proteste der einheimischen Bevölkerung wird der Nationalpark per staatlicher Verordnung
auf 24 500 Hektar erweitert.

2000
In Kötzting wird die erste Spielbank
des Bayerischen Waldes eröffnet.

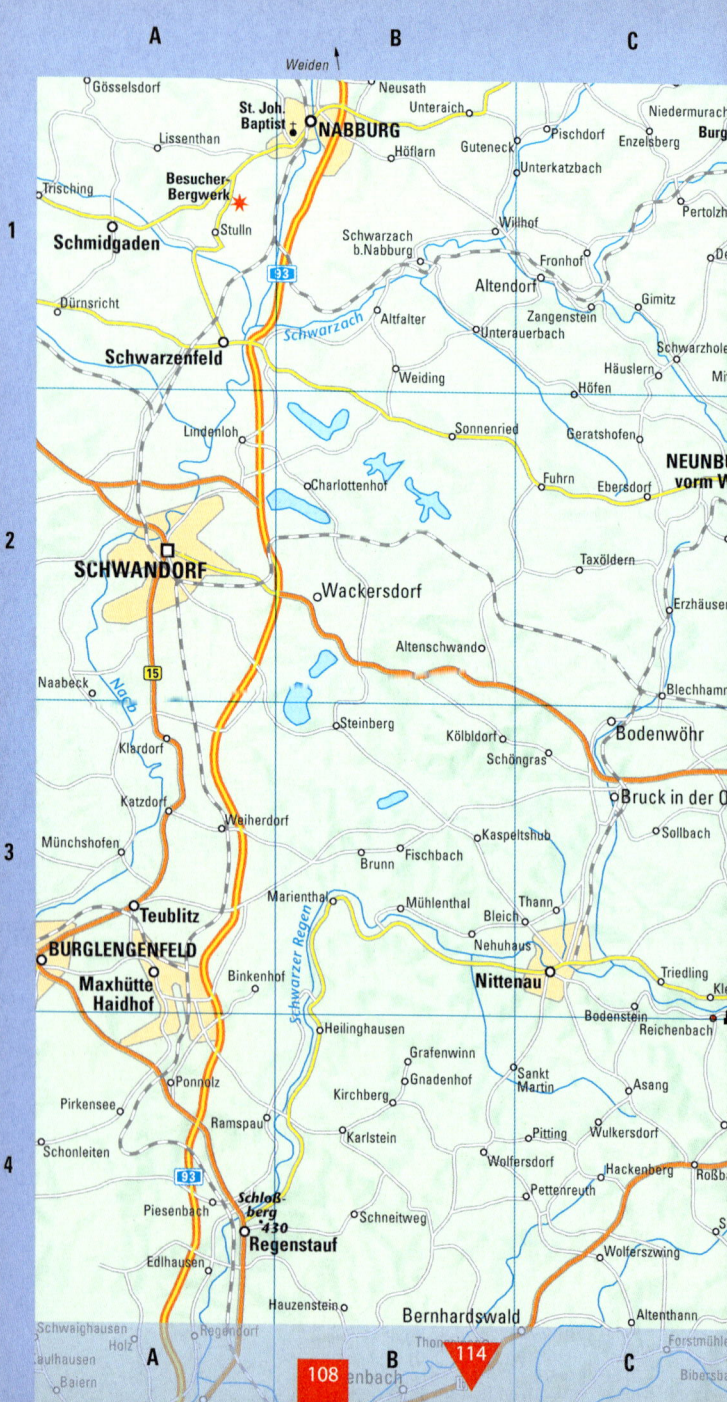

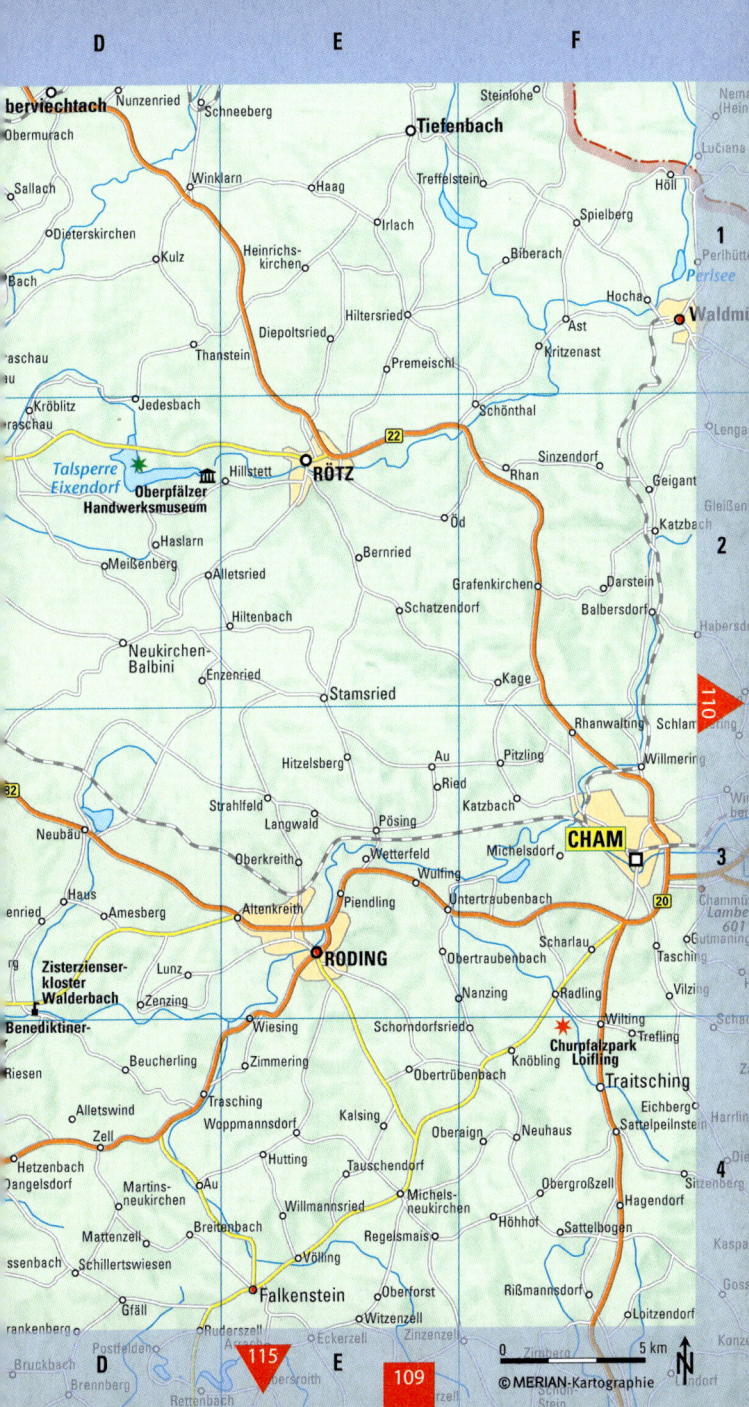

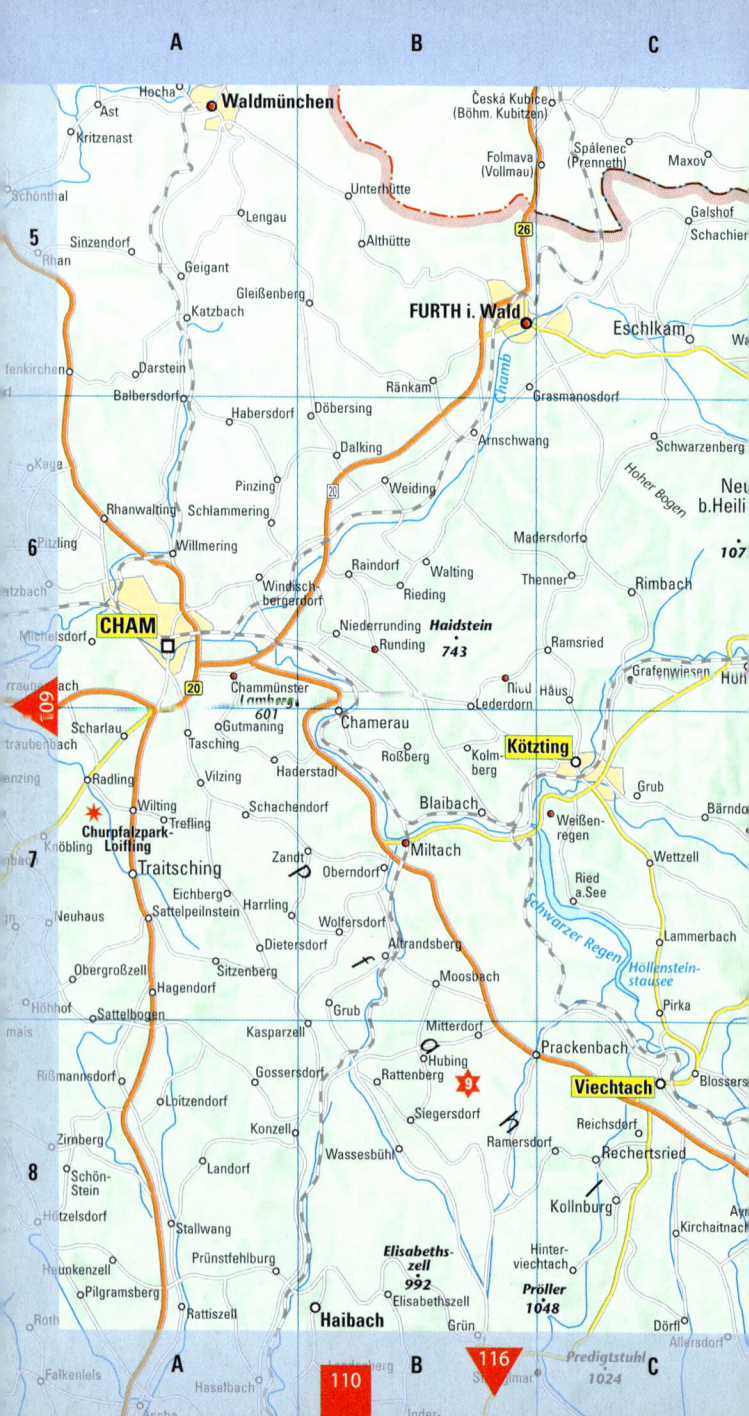

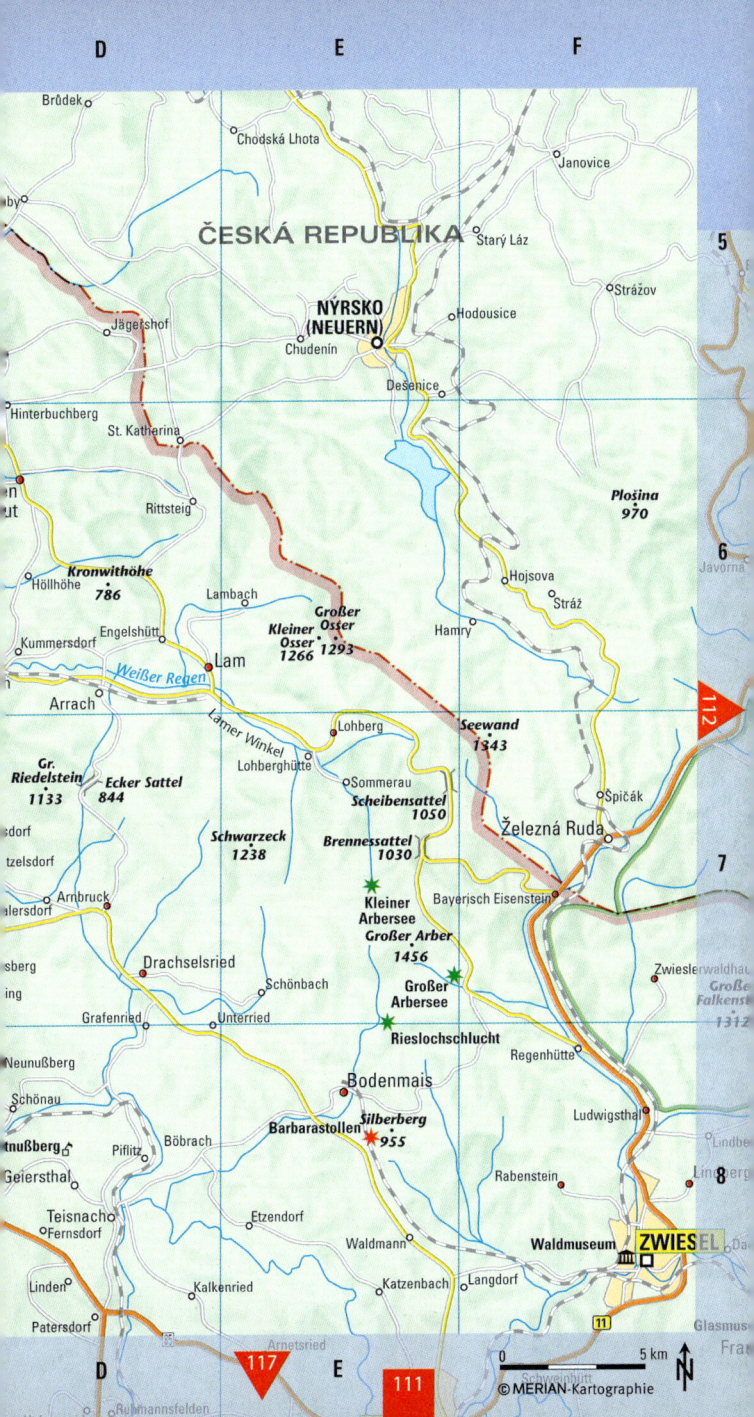

Plzeň, Praha

Plošina
970

Hojsova
Stráž

9

Hamry

Šeewand
1343

attel
1050

Spičák

Železná Ruda

Bayerisch Eisenstein

10

Arber
56

roßer
rsee

sloschlucht

Regenhütte

rg

Ludwigsthal

Rabenstein

Lindbergmühle

Lindberg

11

Waldmuseum

ZWIESEL

Dampfsäge

nbach

Langdorf

11

Schweinhütt

Weißenstein

Rinchnach

Kohlau

12

Großloitzenried

Grub

Schlag

Ebertsried

Zell

Kirchberg

Trametsried

Mitterbicht

Klingenbrunn

Kirchdorf
im Wald

Wolfertschlag

Abtschlag

Javorná

(Schütter

Petrovice

Hartmanice

Dobrá Voda

ČESKÁ REPU

Zwieslerwaldhaus

Großer
Falkenstrin
1312

Höllbach-
gespreng

Rotwildgehege

Spiegelhütte

Národni

Buchenau

Trinkwasser-
talsperre
Frauenau

Oberfrauenau

Glasmuseum

Frauenau

Großer
Rachel
1453

Rachelsee

6

Nationalp
Bayerischer

Altschl

Althütte

Beiwald

Spiegelau

Riedlhütte

Oberkreuzberg

St.Oswald

Eppenschlag

Valdlieriendorf
ürrwies

Raindorf

angenleithen

Untermitterdorf

Kaltenbrunn

Hartmannsreit

GRAFENA

Neudorf

Bärnsteiner

Dösingerried

111

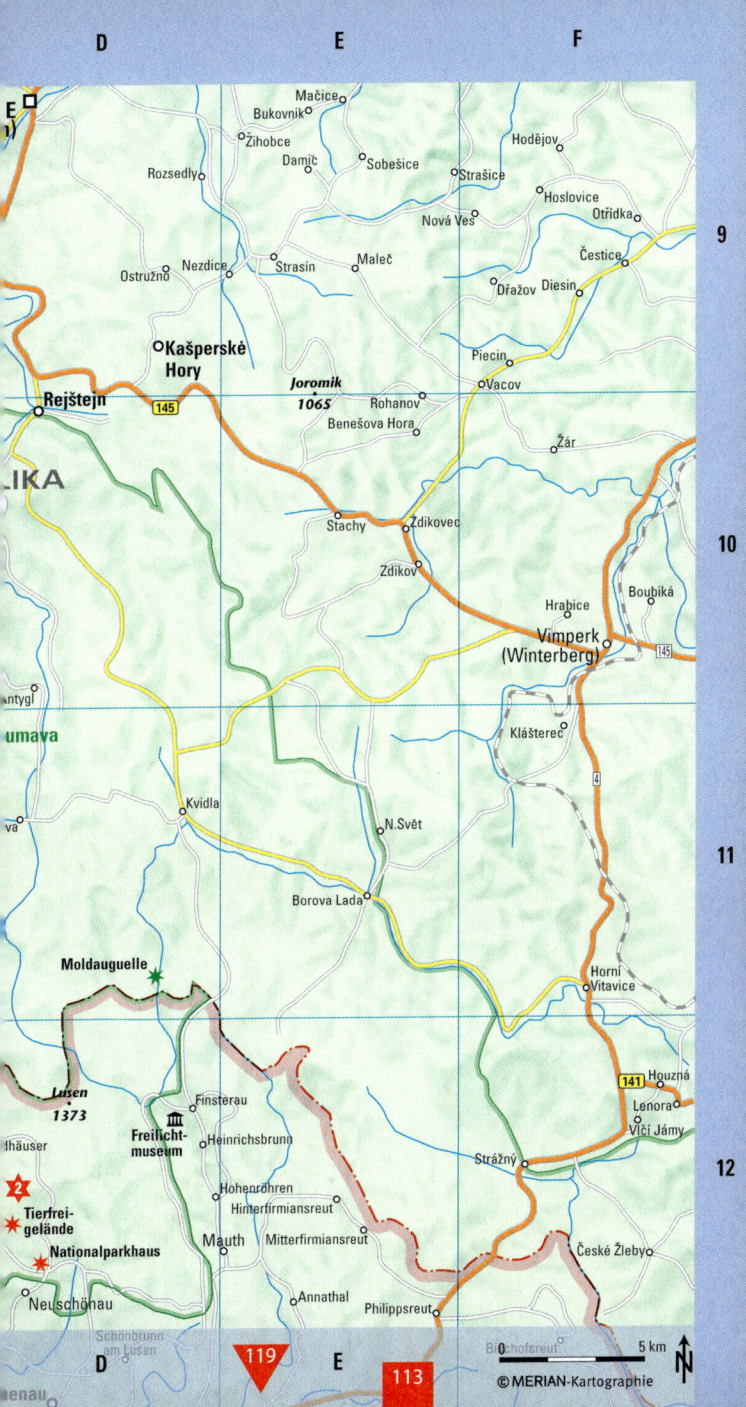

D   E   F

9

10

11

12

Mačice
Bukovnik
Žihobce
Damič
Rozsedly
Sobešice
Hodějov
Strašice
Hoslovice
Otřidka
Nová Ves
Čestice
Ostružno
Nezdice
Strasin
Maleč
Dřážov
Diesin

Kašperské Hory
Piecin
Joromik 1065
Vacov
Rohanov
Rejštejn
145
Benešova Hora
Žár
LIKA

UMAVA
Stachy
Ždikovec
Ždikov
Hrabice
Boubiká
Vimperk (Winterberg)
145
ntygl
Klášterec
4
Kvilda
va
N.Svět

Borova Lada

Moldauquelle
Horní Vitavice
Lusen 1373
Finsterau
141
Houzná
Freilicht-museum
Heinrichsbrunn
Lenora
Vlčí Jámy
hhäuser
Strážný
2
Tierfrei-gelände
Hohenröhren
Hinterfirmiansreut
Nationalparkhaus
Mauth
Mitterfirmiansreut
České Žleby
Neuschönau
Annathal
Philippsreut
Schönbrunn am Lusen
Bischofsreut

0   5 km

© MERIAN-Kartographie

N

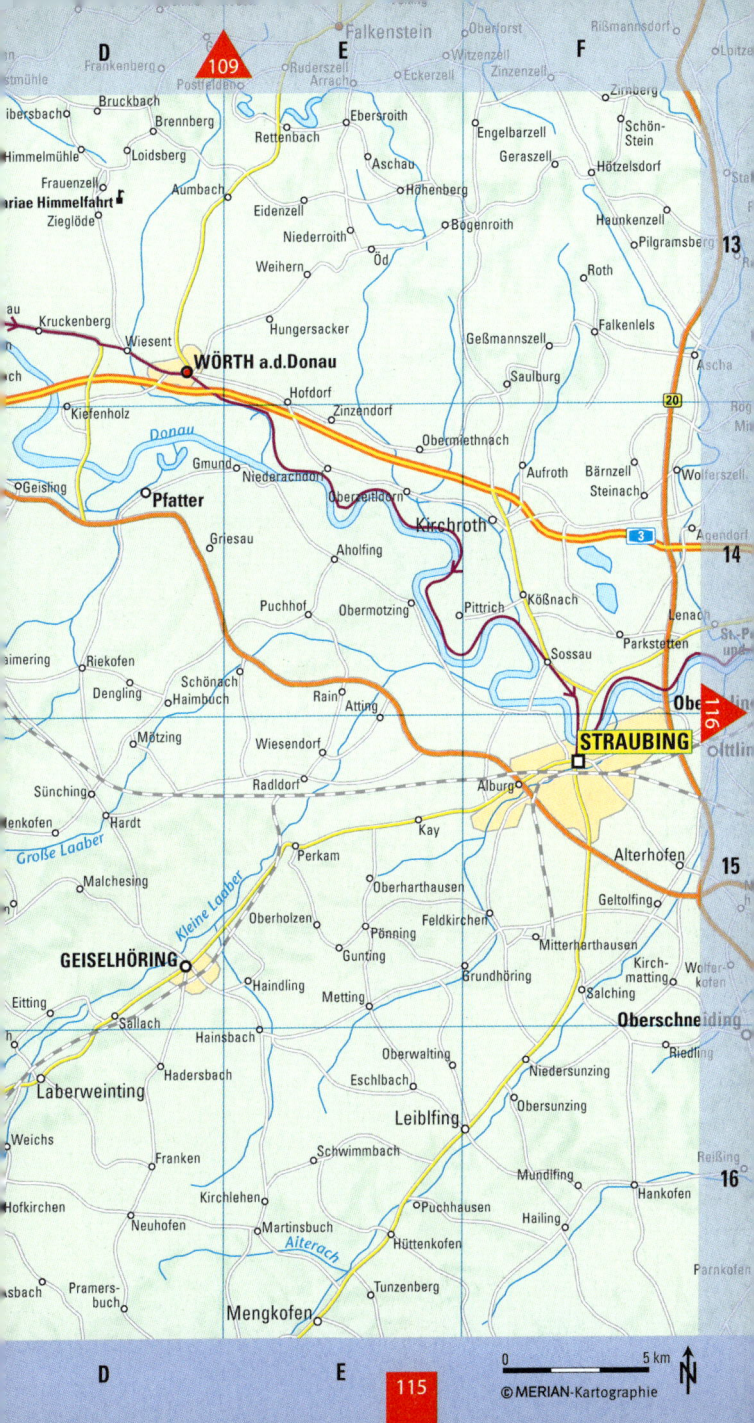

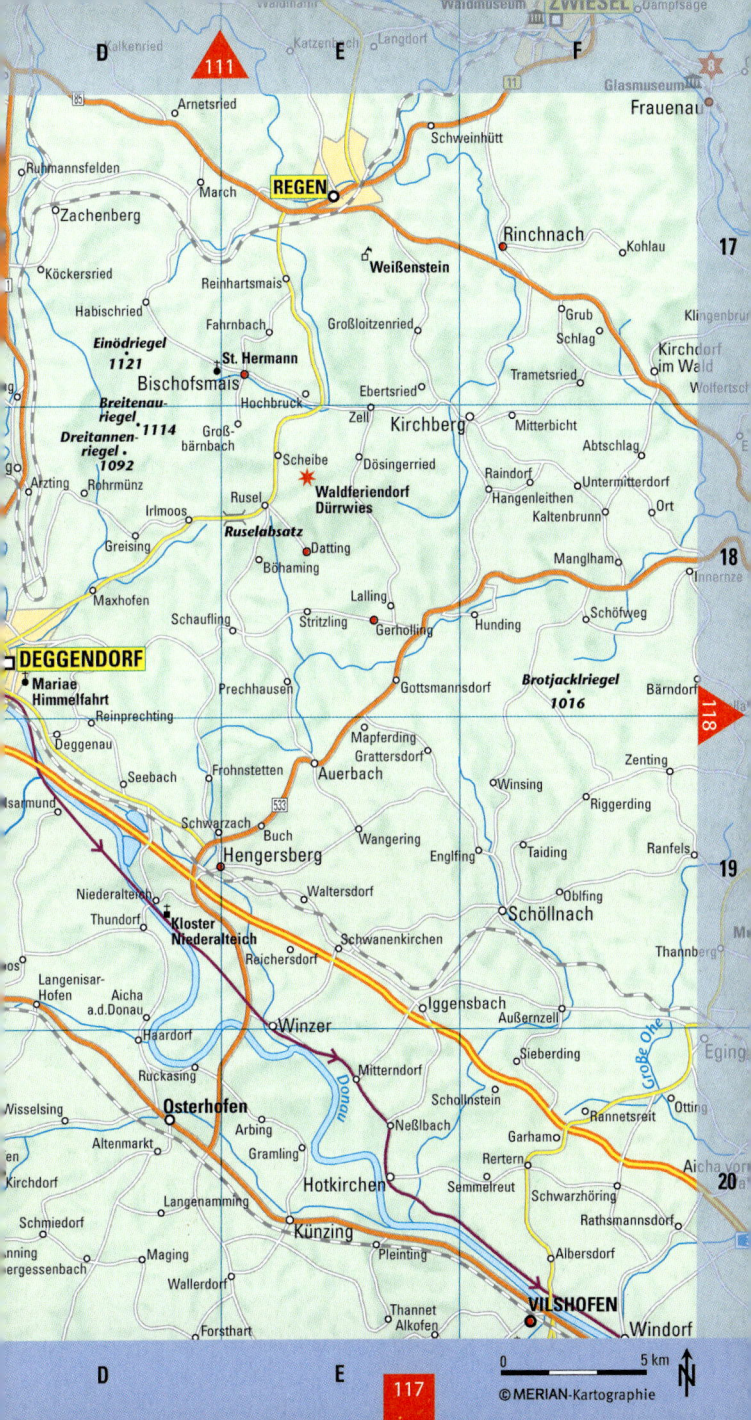

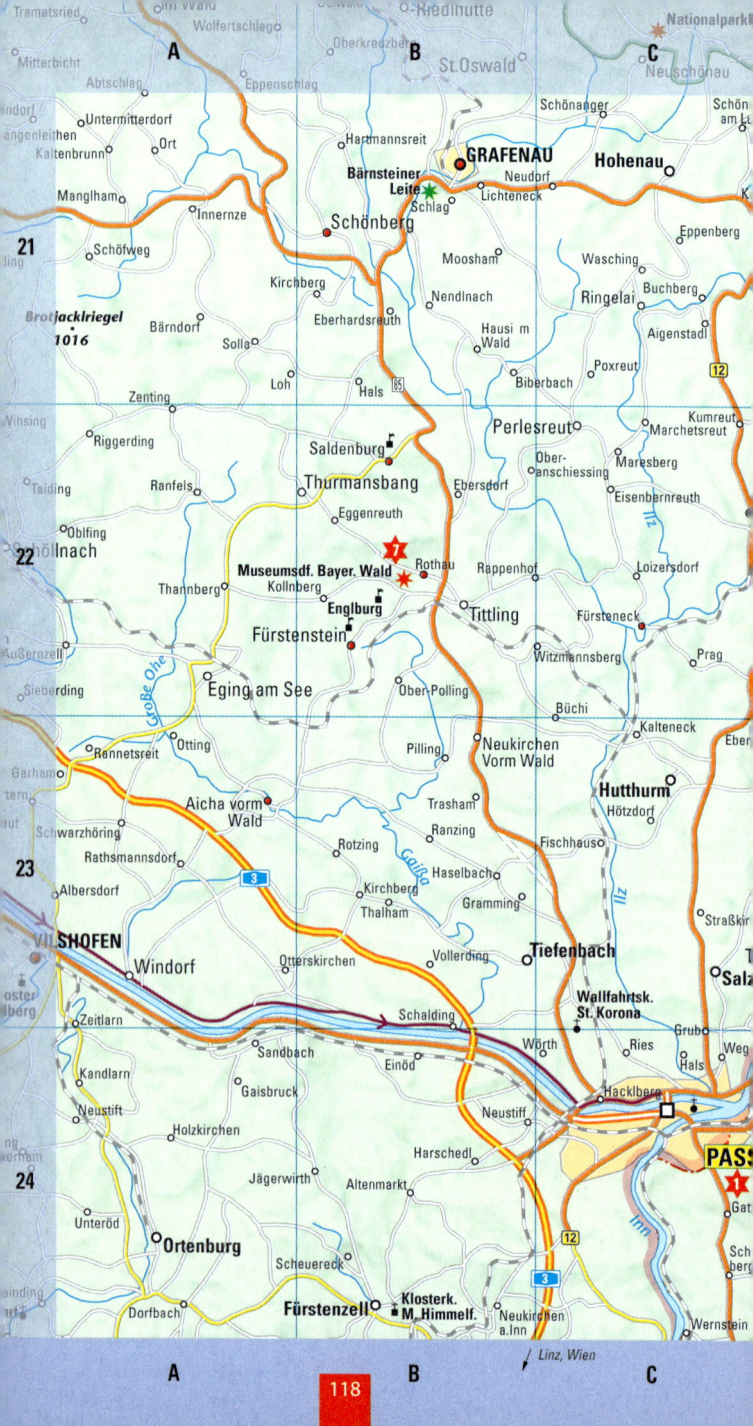

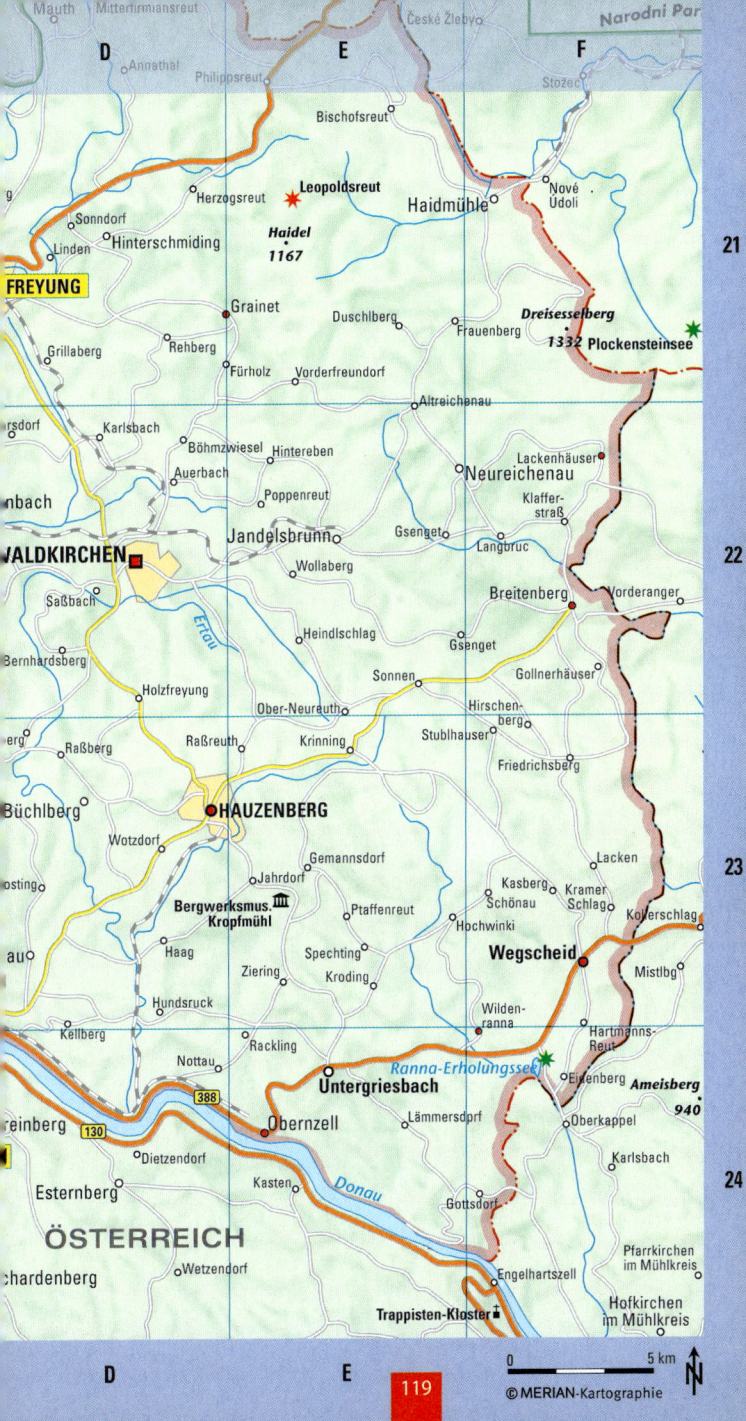

Hier finden Sie alphabetisch aufgeführt alle in diesem Band beschriebenen Orte und Ziele, Routen und Touren. Bei einzelnen Sehenswürdigkeiten steht jeweils der dazugehörige Ort in Klammern, bei Hotels steht zusätzlich die Abkürzung H für Hotel. Außerdem enthält das Register wichtige Stichworte sowie alle MERIAN-Tipps dieses Reiseführers. Wird ein Begriff mehrfach aufgeführt, verweist die **fett** gedruckte Zahl auf die Hauptnennung im Band.

MERIAN
Die Lust am Reisen.

IMPRESSUM

Liebe Leserinnen und Leser,

Sie haben die komplett aktualisierte Neuausgabe 2002 von MERIAN live! vor sich, die von unserem Autor vor Ort nachrecherchiert wurde. Wir freuen uns, Ihre Meinung zu diesem Reiseführer zu erfahren. Bitte schreiben Sie uns, wenn Sie Berichtigungen und Ergänzungsvorschläge haben oder Ihnen etwas besonders gut gefällt.

Gräfe und Unzer Verlag, Reiseredaktion, Postfach 86 03 66, 81630 München
E-Mail: merian-live@graefe-und-unzer.de

Alle Angaben in diesem Reiseführer sind gewissenhaft geprüft. Preise, Öffnungszeiten usw. können sich aber schnell ändern. Für eventuelle Fehler übernimmt der Verlag keine Haftung.

Redaktion:
Christof Klocker
Kartenredaktion:
Reinhard Piontkowski

Auflage: 5.   4.   3.   2.   1.

Bei Interesse an Karten aus MERIAN-Reiseführern schreiben Sie bitte an: iPublish GmbH, geomatics, Berg-am-Laim-Straße 47, 81673 München. E-Mail: geomatics@ipublish.de

Gestaltung: Ludwig Kaiser
Karten: MERIAN-Kartographie
Produktion: Helmut Giersberg
Satz: content publishing
Druck und Bindung: Stürtz AG, Würzburg

Fotos:
Alle Fotos von Holzner & Lengnick, außer: A. Walter 4/5

ISBN 3–7742–0072–6

Gedruckt auf Luxosamtoffset von Schneidersöhne Papier.